Baja cultura

Ensayos y entrevistas de la era de los blogs

A.J. Soifer

Copyright © 2023 by Alejandro Soifer

All rights reserved.

No portion of this book may be reproduced in any form without written permission from the publisher or author, except as permitted by U.S. copyright law.

Some of these texts were originally published in *Revista Guapo*, *Revista THC*, Revista digital *No retornable*, Revista *La Balandra*, Revista *Rumbos*, Periódico *Correo Canadiense*, and the blogs *Las opiniones del Rufián Melancólico*, and *Hablando del asunto*.

I personally interviewed Yuri Herrera at the Toronto Public Library (Reference) on May 22, 2019.

Cover designed by GetCovers

Contenidos

Introducción	1
Reflexiones acerca del género policial	5
1. Algunos problemas del género policial en la Argentina	7
2. El problema de la chica muerta	21
3. James H. Chase y yo	27
4. Entero o a pedazos	33
5. ¿Vale la pena morir por el cadáver de una prostituta?	39
Crónicas y otras reflexiones	45
6. Una infancia menemizada	47
7. Tanvimil gel para el alma	55
8. El judaísmo urticante de Shalom Auslander	61
9. El cuaderno de los nombres raros	67
10. El rey y yo Mis lecturas de Stephen King	83

11.	La estructura trágica en Game of Thrones y Breaking Bad	89
Entrevistas		97
12.	El mito de los carteles del narcotráfico mexicano Entrevista a Oswaldo Zavala	99
13.	Las ficciones institucionales mexicanas Entrevista a Yuri Herrera	119
14.	El cínico Entrevista a Horacio Castellanos Moya	131
15.	"Me pasé la vida en pose" Entrevista a Rodolfo Fogwill	141
16.	Tan violentamente dulce Entrevista a Pablo Ramos	163
17.	La dama negra del policial argentino Entrevista a Claudia Piñeiro	169
18.	Pánico y locura en Montevideo Entrevista a Jorge Alfonso	177
Acerca del autor		207
Otros títulos del mismo autor		209

Introducción

El 25 de noviembre de 2005 inauguré un blog al que llamé "Las opiniones del Rufián Melancólico" a falta de un nombre más original. Me gustaba Roberto Arlt, estaba en mi segundo año de la carrera de Letras y sentía la necesidad de encontrar una vía de expresión. Por esos años hubo una proliferación de blogs entre cierta parte de la intelectualidad argentina (profesores universitarios, escritores, egresados de la misma carrera que yo estaba empezando entre otros) que encontró en ese medio una forma de divulgar sus ideas y perfiles. Esta experiencia sería luego lentamente reemplazada con la explosión de las redes sociales como *Twitter* y *Facebook*.

Gracias a mi blog conocí amigos, enemigos, *trolls* de internet, novias, y también la posibilidad de comenzar a realizar algunos trabajos como periodista *freelance* cuando el editor de una revista que recién estaba saliendo al mercado (*Guapo*, duró pocos números pero fue una experiencia sumamente interesante) vio uno de mis posteos, le gustó y me escribió para preguntarme si quería colaborar con su proyecto.

Durante casi cinco años exactos, hasta el 9 de noviembre de 2010, publiqué en mi blog más de 300 entradas. El formato me permitió experimentar con la forma y el seudónimo de "Rufián Melancólico" con el que firmaba las entradas, pese a que casi todos mis lectores conocían mi nombre real, me permitió un tono irreverente. En el blog escribí sobre temas variados que iban de la pornografía desde una perspectiva de crítica literaria, reseñas libros que me interesaban, y reflexiones varias hasta ensayos y crónicas. Todo esto me terminó dando la posibilidad de establecer relaciones y un *portfolio* de escritura, además del entrenamiento con el teclado y las ideas, que me permitirían luego vender mi primer libro (*Los Lubavitch en la Argentina*) a editorial Sudamericana en 2010 y luego dos novelas más (*Rituales de sangre* y *Rituales de lágrimas*) también a la misma casa editorial.

Luego de ese primer blog, intenté con otro que ya llevó mi nombre y apellido que comencé en 2014 y terminé en 2018 luego de mudarme a Canadá y que se extendió por unas 200 entradas aproximadamente.

Siempre sentí que *Twitter* en particular me había ido quitando la posibilidad de escribir en formato extenso. Luego a esto se le sumó que comencé una maestría primero y un doctorado luego. Todo esto sumado al contexto de mi proceso inmigratorio y la pandemia me terminaron de quitar la fuerza para escribir un posteo de blog por semana como durante mucho tiempo hice.

Este libro recopila algunos de los mejores textos que escribí durante esos años. No son todos perfectos; fueron escritos hace mucho en algunos casos y como dije en un estado de rebeldía, provocación e impunidad pero creo que representan algunas de las reflexiones, ensayos, crónicas y entrevistas más interesantes que produje durante la "era de los blogs." También dejé varios textos afuera por cuestiones de espacio. Quedan pendientes para una segunda parte de este libro.

Baja cultura se encuentra dividido en tres partes:

1. Reflexiones acerca del género policial: Revisando los posteos de mis blogs llegué a la conclusión que mis análisis literarios más pensados y trabajados durante esos años fueron respecto del género literario que siempre más amé, el policial. Los textos que elegí para esta antología están pensados y escritos, como casi todo lo que escribí durante aquellos años, para un público amplio que pueda sentirse interesado por el género policial, de misterio, y *hardboiled* y quiera conocer un poco más las herramientas y formas de pensar críticamente sobre el mismo.

2. Crónicas y otras relfexiones: En esta sección elegí algunos otros textos de crítica literaria y crónica. El segundo texto de esta parte (*Tanvimil gel para el alma*) quizás sea el más acabado ejemplo de mi estilo durante mi época de firmar como el "Rufián Melancólico": una escritura totalmente irreverente donde mezclé a drede componentes de alta y baja cultura, con un poco de crónica y humor cínico. También inclui una reflexión sobre el judaísmo y en particular mi propio judaísmo, una de mis obsesiones durante la década de los 2010s, en la forma de una reflexión sobre una novela de Shalom Auslander.

3. Entrevistas: Por último elegí algunas de las entrevistas que realicé como periodista *freelance*, algunas publicadas en periódicos y revistas y otras en blogs propios y ajenos. Rescaté algunos textos completamente perdidos como la entrevista que le realicé a Rodolfo Fogwill en su casa en Palermo unos meses antes que falleciera, una entrevista con Claudia Piñeiro que fue publicada en una revista que creo que ya no existe más, una entrevista con el escritor uruguayo Jorge Alfonso

y dos entrevistas que realicé en 2019, ya bastante lejos de mi época de bloguero, con los escritores y críticos mexicanos Oswaldo Zavala y Yuri Herrera.

Espero que este libro les de nueva vida a textos que aun considero interesantes y con propuestas válidas. Si bien hay algunos textos que componen esta colección que si tuviera que volver a escribir lo haría de forma diferente, todavía creo que las reflexiones y críticas que desarrollo en ellas mantienen su poder crítico a la vez que muestran una forma de trabajar desde la crítica literaria, las humanidades, el periodismo y la divulgación diferente a otras formas más tradicionales y que a mi me lo dio la experiencia de ser el *publisher* de mi propia revista digital en forma de blog.

Alejandro Soifer
Junio de 2023
Toronto, Ontario
Canadá

Reflexiones acerca del género policial

Algunos problemas del género policial en la Argentina

Hace casi dos años (en 2014), invitado a la primera edición de un festival de novela policial y mientras estaba sentado en una mesa redonda junto a otros escritores en Mina Clavero, el organizador, Fernando López, contó una anécdota interesante acerca de cómo le había costado ponerle un nombre al mismo.

Por lo general los festivales de novela policial en España e Hispanoamérica llevan por título el nombre de la ciudad donde se alojan y el adjetivo «Negro» o «Negra» como modificador: Buenos Aires Negra (BAN!), Medellín Negro, Semana Negra de Gijón, etc.

El problema que había tenido López era que al decir «Córdoba Negra» y por el dialecto típico de la provincia mediterránea, se generaban las condiciones para una confusión: «negro» o «negra» es una forma amistosa de llamar a un amigo o amiga en Córdoba pero nadie lo asocia con el género policial.

Luego de darle vueltas el nombre del festival quedó entonces como *Córdoba Mata* y eso le trajo otros problemas con algunos patrocinadores que ya se habían comprometido como aportantes al evento cultural porque la perspectiva de quedar asociados con un un festival que implicara cierta «criminalidad» en su nombre no les gustaba para la imagen de sus marcas.

Esta pequeña anécdota acerca de cuestiones de nomenclatura siempre me pareció espectacular porque esconde en una serie de equívocos un problema más general del policial en la Argentina (y aventuraría en lengua española en general, pero no quiero excederme, luego otros dirán si mis hipótesis pueden ser extensibles a otros lugares) y esto es porque precisamente en la Argentina hablamos del «Género Policial».

En la escuela secundaria nos enseñaron que hay dos grandes corrientes del Género Policial:

- **Policial clásico o Policial de enigma o Policial inglés**
- **Policial negro o Policial duro o Policial norteamericano**

Lo sé porque yo mismo he dado esas clases en escuelas secundarias repitiendo con solemnidad las cuestiones que ya sabemos: que el *policial clásico* es puro uso de la deducción; que los detectives privados trabajan por el placer de resolver casos con el intelecto; que empezó con *Los crímenes de la Rue Morgue* de Poe y que lo llamamos «Inglés» por escritores que hicieron grande al género como Conan Doyle, Chesterton y Agatha Christie.

En cambio el *policial negro* surgió en los Estados Unidos en los años de la depresión, plantea un detective privado que trabaja a cambio de dinero; es pura «empiria» en el sentido que la mayoría de las veces la acción avanza a través de descubrimientos que se van dando a los golpes, en la experiencia cotidiana, sin casi razonamiento deductivo o muy solapado; los protagonistas son melancólicos, usan sombrero y hay violencia explícita que no la hay en el *policial inglés*.

El problema viene un poco antes o después: ¿por qué llamamos «policial» al género policial? Después de todo no siempre hay «policía» involucrada.

La policía juega el rol de dejarse humillar en la «escuela clásica» para lucimiento del detective privado y a veces aparece algún policía como amigo o informante de los investigadores del *policial negro* pero no siempre sucede. Entonces a la hora de definir al género policial decimos: «El género policial es todo tipo de novelas o cuentos donde se comete algún crimen y hay una investigación.» Una explicación escolar, abarcativa de buena parte de la literatura de género policial pero claramente incompleta: en *¿Acaso no matan a los caballos?* de Horace McCoy lo que tenemos es un concurso de baile interminable en la época de la depresión que sí, concluye con un crimen e intercala fragmentos del juicio que se le sigue al criminal con el pasado en el que todavía no se había cometido, pero hay ausencia de policía y descubrir quién es el asesino no tiene sentido porque lo sabemos desde el comienzo. ¿Es entonces una novela policial? De las mejores y más aclamadas de todos los tiempos.

Tenemos también novelas donde la Policía es protagonista y no queda de ningún modo humillada: las novelas de Henning Mankell son protagonizadas por un agente de policía honesto y nada idiota. ¿Entonces estas son novelas más o menos policiales que las otras en las que la policía no está presente o se presenta como buena para nada?

Claro que no. El problema está en la nomenclatura: Género Policial. No sé a quién se la habrá ocurrido ponerle ese nombre al género. En inglés nadie habla de «police» para referirse al género al que se llama *Mystery* o *Crime Fiction*. Parece bastante más lógico.

Pero ¿por qué detenerse en un detalle de nombres? Porque dentro de esta confusión que genera hablar de «Género Policial» en un tipo de literatura donde posiblemente ni siquiera haya policía involucrada, surgen otros problemas cuando se habla, indistintamente de *policial negro* o *policial duro*.

En un breve ensayo de Ricardo Piglia en respuesta a una encuesta de la revista *Crisis* nº 30 de enero de 1976 («Sobre el género policial») que aparece recopilado en *Crítica y ficción* el genial crítico define acertadamente que el cuento de Hemingway *Los asesinos* tiene casi la misma importancia que *Los crímenes de la rue Morgue* para definir las reglas del policial negro. Transcribo:

> Los relatos de **la serie negra** deben ser pensados en el interior de cierta tradición típica de la literatura norteamericana antes que en relación con las reglas clásicas del relato policial. En la historia del surgimiento y la definición del género, el cuento de Hemingway Los asesinos tiene la misma importancia que Los crímenes de la calle Moruge, el cuento de Poe que funda las reglas del relato de enigma. En esos dos matones que llegan a Chicago para asesinar a un ex boxeador al que no conocen, en ese crimen «por encargo» que no se explica ni se intenta descifrar están ya las formas de **la policial dura**, en el mismo sentido en que las deducciones del caballero Dupin de Poe

preanuncian la historia de la novela de enigma.

(las negritas me pertenecen)

Piglia, uno de los mayores conocedores del género policial en el mundo de la crítica hispánica definió al policial estadounidense indistintamente como **serie negra** o **policial dura**. Puede hacerse la enorme concesión de pensar que en 1976 la diferencia entre ambas series no estaba muy clara pero la edición del libro consultada es del 2006, podrían haberse hecho una salvedad quizás.

Porque si vamos a tomar a *Los asesinos* como el primer cuento (o al menos el más influyente) del policial negro o *noir*, posiblemente estemos cerca de lo correcto. Pero si lo tomamos como el primer cuento *hard-boiled* estaremos bastante errados ya que el consenso de los expertos en el género ubican al origen del género, el «Los crímenes de la calle Morgue» de Poe pero del *hard-boiled*, en el cuento de Carol John Daly *Three-Gun Terry* publicado en el número del 15 de mayo de 1915 de la revista *Black Mask* que dio a luz a los mejores representantes del género. El cuento de Hemingway fue publicado en *Scribner's Magazine* en 1927, una década más tarde.

Entonces, no sólo tenemos en la Argentina un problema de nomenclatura respecto del género policial sino que tenemos el problema de no saber distinguir entre **género policial negro** y **género policial duro**. Puede parecer algo sin importancia pero está lleno de consecuencias respecto de qué definimos como dentro del género y qué definimos por fuera del mismo. Y ni que hablar con otros subgéneros como el *thriller*. ¿Lo consideramos en la Argentina como parte del género policial? En muchas ocasiones no. El motivo me resulta, valga la redundancia, un misterio.

La problemática que debe enfrentar el género en nuestro país tiene otras aristas que también deben ser consideradas.

En principio me gustaría retomar las famosa caracterización de Dashiell Hammett y su literatura por parte de Raymond Chandler en *The Simple Art of Murder*. Dice el «alumno» de su maestro que:

> puso a estos tipos en en el papel tal y como son y los hizo hablar y pensar en el lenguaje que acostumbran utilizar para esos propósitos. Hammett tenía estilo pero su audiencia no lo sabía porque dominaba un lenguaje que no se suponía que fuese capaz de tales refinamientos. Sus lectores creían que estaban leyendo un jugoso melodrama escrito en el tipo de argot que se imaginaban que ellos mismos hablaban. En un punto era así, pero también era mucho más. Todo el lenguaje empieza con el habla y en especial el habla de la gente común, pero sólo se ve como tal cuando evoluciona al punto de convertirse en literatura. El estilo de Hammett, en su peor expresión, estaba tan trabajado a nivel formal como una página de Mario el epicúreo; en su mejor expresión podía decir casi cualquier cosa. Creo que este estilo, que no le pertenece a Hammett ni a nadie en particular sino que es el lenguaje estadounidense (y ya ni siquiera le es exclusivo), puede decir cosas que no sabía cómo decir o que no sentía la necesidad de decir. En sus manos no tenía sobretonos, no dejaba eco, no evocaba una imagen más allá de una colina distante. Se dice que Hammett no tenía corazón y sin embargo, el relato que a él más le gustaba era la descripción del afecto de un hombre por un amigo. Hammett era espartano, frugal, **hardboiled** (empedernido), pero hizo una y

otra vez lo que sólo los mejores escritores pueden hacer una sola vez bien. Escribió escenas que parecían no haberse escrito nunca antes.

¿Qué estaba diciendo Raymond Chandler? Sencillamente que el género policial estadounidense no es otra cosa que la adaptación del realismo literario a la literatura de aquel país.

Si el realismo francés versó acerca de las costumbres de la burguesía, si el naturalismo incluyó la vida miserable de los proletarios y los desamparados en el proceso de modernización de Europa, el realismo en los Estados Unidos adoptó la forma de la literatura de crimen.

Esta verdad de perogrullo termina de cobrar sentido si vemos cómo la famosa figura del «detective privado» surgió efectivamente en los Estados Unidos. Fue en 1850 cuando el inmigrante escocés Allan Pinkerton fundó en Chicago la agencia *Pinkerton National Detective Agency* (para la que trabajó Dashiell Hammett, precisamente) que ofrecía investigadores privados en una época en la cual las policías nacionales todavía estaban en sus primeros pasos formativos y el crimen no podía ser contenido.

Pinkerton, una figura fascinante que tuvo que exiliarse en los Estados Unidos por su activismo político de izquierda obrera en el Reino Unido, prácticamente inventó el oficio de detective privado y desarrolló algunas de las técnicas de trabajo policíaco que hoy en día se siguen utilizando como el seguimiento de sospechosos y la infiltración «undercover» en bandas criminales.

Tanto le debe el género policial como manifestación de realismo literario a Pinkerton que el término con el que se conoce en inglés a los detectives privados («Private Eye») es deudor del logo de la agencia del esocés con su gran ojo observador.

Entonces, la pregunta que surge es: ¿Cómo se puede adaptar un género literario que está escrito y desarrollado como realismo literario de otro país a la literatura nacional?

En un excelente ensayo que por tan preciso y sintético ha sido citado hasta el cansancio, Carlos Gamerro establece un decálogo de reglas para el género policial en la Argentina. Estas reglas son:

> 1) El crimen lo comete la policía.
> 2) Si lo comete un agente de seguridad privada o –incluso– un delincuente común, es por orden o con permiso de la policía.
> 3) El propósito de la investigación policial es ocultar la verdad.
> 4) La misión de la justicia es encubrir a la policía.
> 5) Las pistas e indicios materiales nunca son confiables: la policía llegó primero. No hay, por lo tanto, base empírica para el ejercicio de la deducción.
> 6) Frecuentemente se sabe de entrada la identidad del asesino y hay que averiguar la de la víctima.
> 7) El principal sospechoso –para la policía– es la víctima.
> 8) Todo acusado por la policía es inocente.
> 9) Los detectives privados son, indefectiblemente, ex policías o ex servicios. La investigación, por lo tanto, sólo puede llevarla a cabo un periodista o un particular.
> 10) El propósito de esta investigación puede ser el de llegar a la verdad y, en el mejor de los casos, hacerla pública; nunca el de obtener justicia.

Pueden discutirse las premisas o ponerse en cuestión y seguro que hay ejemplos de género policial argentino que desmienta alguna o todas las reglas, pero lo importante es que como decálogo de reglas para una literatura realista argentina es impecable.

Aquí es donde la confusión que planteamos la anterior vez que se da al hablar de «género policial» como si efectivamente tuviera que haber policía involucrada en el relato cobra nueva significación. Si todo el relato se concibe circulando alrededor de la Policía y la institución policial, tenemos un problema en la Argentina y está dado por la natural desconfianza que generan las instituciones en nuestro país y en particular la Policía.

En cuanto al género deductivo, que es una sofisticación literaria distinta, un tipo de relato que no se plantea de ningún modo como una forma de realismo, o que a lo sumo resume sus notas de realismo en su encarnación verdaderamente inglesa, en las apreciaciones acerca de las diferencias sociales, la descripción de las costumbres de los ricos y la sospecha que siempre recae en el «mayordomo», es decir, la clase proletaria.

Pero más allá de esos específicos casos de policial de deducción ingleses escritos en Inglaterra y con la sutileza en la observación típicamente inglesa, el género deductivo funciona más que nada como un juego literario y estilístico. No por nada Jorge Luis Borges se aprovechó de sus reglas para construir unos relatos sofisticados, complejos y de un barroquismo anti-realista que llegó a su cúspide en una de sus obras maestras, *La muerte y la brújula*, donde parece haber una declaración de anti-realismo explícita al transformar la Ciudad de Buenos Aires y sus alrededores en una especie de reflejo espectral y afrancesado que convierte a la Paris del Plata efectivamente en una Buenos Aires con nombres franceses.

Entonces, ¿cómo se puede escribir género policial en la Argentina? Han habido en principio tres grandes vertientes:

1- Imitar los modelos anglosajones y caer en la parodia (voluntaria o involuntaria)

Este método ha tenido a grandes plumas intentando forzar la institución del «detective privado» a la realidad argentina donde o no existe o son tan marginales que imaginarlos e interesarse por sus aventuras implica un ejercicio de imaginación que lleva directamente al género de origen realista a una especie de ciencia ficción o literatura especulativa.

Tenemos aquí algunos de los primeros cuentos de Rodolfo Walsh o los cuentos a cuatro manos de Bioy Casares y Borges (estos sabiendo que estaban creando un artefacto literario paródico y anti-realista) sobre el detective amateur Isidoro Parodi que resuelve casos deduciendo desde la comodidad de la celda de una cárcel donde está «hospedado» pero también la saga de novelas Joe Carter escritas por José Pablo Feinmann.

Es interesante ver algunas entrevistas que dio Feinmann respecto de esta saga donde declara específicamente haberse inspirado en las novelas de Mickey Spillane para construir a su protagonista y su elección del lenguaje de traducción del inglés al castellano que es el modo en el que llegaron las novelas policiales a nuestro país a mitad del siglo XX.

En una de esas entrevistas, Feinmann sostiene:

> Era un verano, estaba aburrido porque mi mujer estaba en algún lado seguro haciendo algo con el teatro y dije: "Voy a jugar: voy a crear un detective norteamericano del siglo XXI. Un clásico, basado sobre todo en

Mike Hammer, el detective de los años de McCarthy, del terror al comunismo encarnado en los marcianos que venían a ocupar el mundo. Entonces, ¿por qué no tomar a un Mike Hammer del siglo XXI aterrorizado por el terrorismo islámico?". Ahí empezó a nacer Joe Carter. Pero los personajes nacen de un modo y se desarrollan de otro. **Nació como cuentos hilarantes.**

Luego le preguntan por la utilización del lenguaje y responde:

No me gusta que me digan lenguaje de doblaje. Tiene el "ti", el "tú", es un lenguaje de traducción de las novelas del '50, las del séptimo círculo, que elegían Borges y Bioy, ya de la serie naranja, novelas de Fredric Brown, que están magníficamente traducidas, pero además está añadido todo mi estilo con palabras que no todas son de traducción.

Es decir que Feinmann admite a la vez que este tipo de novelística surgió como un ejercicio de «cuentos hilarantes» y que utilizó el lenguaje de las traducciones para darle un sustento. La parodia (voluntaria o no, no importa) queda explicitada.

Un caso aparte son las novelas de Mercedes Giuffré que plantean al género deductivo en la época de las invasiones inglesas. Su Samuel Redhead es un perfecto detective anglosajón en medio de un país que ni siquiera existía todavía. Es un caso particular y la excelencia literaria de Giuffré la destaca, haciéndola creadora de un raro caso de policial deductivo argentino que no tiene notas de parodia ni tampoco habilita este tipo de lecturas.

Otro caso peculiar es el de Gastón Intelisano que escribe novelas policiales de tipo forense. Su protagonista forma parte de la institución policial y no hay un ataque directo a esta ni todos son corruptos y podridos. Intelisano mezcla lo deductivo con la ciencia forense y se escapa por una vertiente literaria que antes de él no había sido explorada en la Argentina.

Podemos pensar que tanto Giuffré como Intelisano representan la novedosa condición de posibilidad de un policial argentino que imita modelos anglosajones sin caer en el ridículo, el absurdo, el inverosímil o lo paródico. Los suyos son relatos policiales con marcas de realismo dadas por el estudio exhaustivo de la época histórica (lo que emparenta a las novelas de Giuffré con el género de la novela histórica) o la ciencia forense que Intelisano conoce de primera mano por su profesión como Técnico Fornese.

Lo que tenemos, en definitiva, en la vertiente del policial argentino que imita los modelos anglosajones, es un intento de imitar el realismo literario de otro país. Si el realismo francés es fácilmente imitable porque básicamente la burguesía comparte costumbres y puntos débiles por donde burlarse de ella, el realismo estadounidense no puede ser imitado tan fácilmente porque es muy específico de instituciones y formas de vida típicas de allí. La imitación del género sólo puede producir diversos tipos de parodia, voluntarias (Borges y Bioy Casáres) o involuntarias.

2- Seguir las reglas del decálogo de Carlos Gamerro

Como forma de adaptar el realismo literario estadounidense a un realismo literario posible en la Argentina las reglas de Gamerro son el manual de estilo obligatorio para un género policial criollo que no caiga en la parodia.

Hay ejemplos notables en la literatura Argentina de género policial de estas características, por ejemplo en la novela *Entre hombres* de Germán Maggiori, que parece cumplir casi punto por punto con el decálogo de Gamero: la policía es corrupta, asesina y torturadora y tiene como misión encubrir los crímenes de la clase política.

Buena parte de la «literatura de Dictadura» también tiene estas características. Un realismo al servicio de mostrar los crímenes de la institución policial y militar durante los años de plomo.

El problema de este tipo de realismo descarnado es que no tiene lugares para los héroes. No hay épica posible sino diagnóstico de la podredumbre social.

Este es un problema en sí mismo para el policial en la Argentina porque aún las novelas policiales con protagonistas más despreciables (pienso en Jim Thompson por ejemplo) trabajan (y lo logran) en generar algún tipo de empatía con el lector.

El policial argentino que opte por esta vertiente termina generando un artefacto hiperrealista que desborda las otras reglas del género policial en el resto del mundo y en especial en el estadounidense: los héroes no existen; los protagonistas son despreciables y se lo lee más como un comentario social o una crítica a la institución policial que como una novela de aventuras derivada de los Westerns y la literatura de superhéroes que son las otras vertientes de las que proviene el género policial estadounidense.

3- Escribir policial *noir*

Esta tercera categoría de género policial es la que creo está siendo más desarrollada en los últimos años en nuestro país y tiene que ver con el surgimiento de una nueva camada de escritores de este género (Ernesto Mallo, Sergio Olguín, Guillermo Orsi, Miguel Ángel Molfino, Claudia Piñeiro entre muchos otros). Además, creo que tiene mayor potencial por las características propias de nuestra realidad.

Intentar un género policial *noir* en la Argentina es intentar una literatura donde no haya detectives ni policías (como protagonistas) sino personas que buscan escapar de existencias complicadas, que encuentren rebusques y crímenes que les permitan mejorar sus condiciones de vida o que se vean involucrados sin buscarlo en este tipo de situaciones. Un realismo literario de estas características tiene muchas más posibilidades de desarollo exitoso que la adaptación de un realismo ajeno a nuestra realidad.

El desafío sigue siendo que este tipo de anti-héroes existencialistas logren generar empatía entre los lectores. El desafío en definitiva es convertir anti-héroes en héroes sin caer en el miserabilismo y el realismo sucio, que también son dos de las más grandes costumbres del género realista en la Argentina.

El problema de la chica muerta

El fin de semana pasado vi dos *thrillers* un poco antiguos ambos, por Netflix. Además de tener ya varios años, las películas comparten lo que estuve pensando como «el problema de la chica muerta».

La primera de esas películas fue *Don't say a word* (2001) con Michael Douglas y la malograda Brittany Murphy. Como *thriller* estaba bien y nada más. Al menos me hizo conocer la historia que desconocía de Hart Island en Nueva York, una isla que parece ser el modelo propicio para todo tipo de película de terror ya que allí se asentó una prisión, un reformatorio de menores y el cementerio público más grande del mundo con millones de cuerpos enterrados allí hasta la actualidad.

La otra película que vi fue *Malice* (1993) con un elenco muy interesante y un nivel narrativo bastante similar a la anterior. Es decir, algunas sorpresas, algunas cosas bien hechas y una trama medianamente predecible y mediocre.

Pero vayamos al punto: el problema de la chica muerta.

Mi esposa siempre me recrimina que cada vez que vemos un *thriller* o narración policial tiene que someterse a ver cómo en el 99% de los casos la víctima es una mujer o una chica joven.

Desde luego, esto no es sorprendente: uno de los roles privilegiados de la mujer en la narrativa policial es el de víctima.

Es una construcción propia del género policial. Y los géneros son más o menos estables por lo que es altamente esperable que en un relato policial la víctima que inicie el relato sea mujer. Lo que en su momento pudo haberse dado con cierta naturalidad pero que en los tiempos que corren de cuestionamiento del rol que se le reserva a la mujer en nuestra sociedad y la visibilización de la violencia machista y los femicidios, permite al menos que esta recurrencia en la escenificación y estetización de la muerte violenta de la mujer nos resulte por lo menos algo incómoda o que nos llame a la reflexión y el cuestionamiento.

En esa reflexión evidente acerca de cómo las mujeres en el género policial/negro/*hardboiled*/*thriller* cumple las más de las veces de víctima propiciatoria del relato (es decir, la muerte de una mujer desencadena la investigación que es en definitiva de lo que trata el relato) encontré en estas dos películas una puesta en escena de la chica muerta por razones arbitrarias, acaso para cumplir con la regla del género pero que narrativamente cumplen una función muy pobre.

Empecemos con *Don't Say a Word*. El núcleo del relato es que una banda secuestra a una niña para obligar al padre de la víctima (Michael Douglas), un renombrado psiquiatra llamado Nathan Conrad, a que haga «hablar» a Elizabeth Burrows (Brittany Murphy) una nueva paciente que se niega a decir nada coherente y que esconde entre sus frágiles recuerdos la clave para encontrar una piedra preciosa que le fue *mejicaneada* por su padre (muerto) a la banda que secuestró a la niña.

Tenemos hasta aquí todos los tópicos del relato policial/*noir* necesarios para que un espectador no se sienta defraudado y lo que seguirá irá terminando de encajar las piezas para la perfecta resolución que no defrauda en cuanto a sus dosis de suspenso, disparos y vueltas de tuerca. El problema de la chica muerta aparece de forma lateral: primero en la forma de un cuerpo de mujer flotando desnudo en medio del río Hudson. Luego, cuando ese cuerpo sea recuperado por las autoridades se introducirá una investigación acerca del mismo y de forma muy poco clara y rápida la agente de policía logrará en cuestión de segundos relacionar ese cadáver con la banda que mantiene cautiva a la hija del psiquiatra. En ese sentido el cuerpo de la chica muerta sólo cumple la función de «alertar a la policía» de que hay una banda criminal actuando dado que por las condiciones del secuestro de la niña el Dr. Conrad no puede avisar a la policía.

En una vuelta de tuerca algo predecible, nos enteramos que el psiquiatra a cargo originalmente de Burrows, el Dr. Louis Sachs, también estaba siendo extorsionado por la misma banda que secuestró a la niña pero a él lo habían amenazado con matar a su novia si no logra hacer que Burrows devele el secreto que buscan en una cantidad de horas predeterminada. Dicha novia es aquel cadáver encontrado en el río.

En una escena lamentable la policía llega a interrogar a Sachs por la muerte de su novia y él niega siquiera conocerla, suponemos que para no alertar a la policía acerca de la banda que lo estaba extorsionando con matar a la chica si él los denunciaba. Pero además de la anticlimática negación de Sachs de conocer a la víctima, aún cuando la policía le muestra fotografías de ambos pasando juntos un día en el parque, si la chica está muerta ¿por qué Sachs se sigue negando a denunciar lo que sabe? ¿qué efecto puede continuar teniendo la amenaza si la banda ya mató a la chica pese a que todavía no se había cumplido el plazo que le había dado para que lograra hacer hablar a Burrows antes de cumplir con su amenaza de matarla? Sachs niega conocer a su novia muerta, se niega aceptar cualquier relación con ella y prácticamente ni se altera por el hecho de que ahora su novia descansa en una camilla de la morgue. Esta escena da paso a otra secuencia en la que el Dr. Conrad ayuda a Elizabeth Burrows a escapar del hospital psiquiátrico y es la última vez que tenemos noticias tanto de Sachs como de su novia muerta. Es decir que el cadáver de la chica únicamente cumple el rol de ser un puente para que la policía logre llegar de forma algo nebulosa y arbitraria al hospital psiquiátrico y toparse así con la trama principal que involucra a Conrad y Burrows. La película continúa y nos olvidamos del destino de la chica muerta que entonces sólo funcionó a nivel narrativo como un pedazo de utilería necesario para establecer una deducción arbitraria.

En forma similar, la película *Malice* también introduce una subtrama con chicas muertas y violadas a único efecto de servir de puente para una deducción que desatará el acto final de la trama.

En esta película Andy (Bill Pullman), vicedecano de alumnos de un Instituto universitario en un suburbio de Boston está felizmente casado Tracy y juntos planean algún día tener hijos. La película comienza con una alumna del instituto donde trabaja Andy siendo atacada al llegar a su casa por un hombre al que no vemos pero que sabemos que la viola y la deja al borde de la muerte. La chica ingresa en el hospital donde es atendida por un médico recién llegado al pueblo: Jed (Alec Baldwin). Este hombre que es una especie de genio de la cirugía le salva la vida a la muchacha y cuando Andy aparece en el hospital para saber cómo está la alumna de su instituto se encuentra con Jed que casualmente ha sido compañero suyo de la escuela secundaria. Como

Jed está recién llegado al pueblo, Andy le ofrece que viva en su casa provisoriamente y así se va estableciendo una relación de amistad entre ambos que no es bien vista por Tracy.

Entre tanto, se nos va mostrando que Tracy sufre de algún tipo de afección en los ovarios que la tiene todo el tiempo retorciéndose de dolor. La trama avanza y hay una nueva violación seguida de muerte de una alumna del Instituto donde trabaja Andy y dado que las dos últimas víctimas habían sido vistas por él poco antes de ser atacadas la policía sospecha que puede ser el culpable por lo que le piden una muestra de semen para cotejarlo con el encontrado en la escena de los crímenes.

La salud de Tracy finalmente estalla y tiene que ser internada de urgencia. Es operada por Jed que comprueba que llevaba un feto en su vientre, el cual es abortado por las características de la intervención, pero para peor, tiene que tomar una difícil decisión entre extirparle o no ambos ovarios y dejarla obviamente estéril. Termina decidiendo que sí se los extirpará y esto determinará que luego, ya recuperada, Tracy lo demande por mala praxis. El asesino de chicas se descubre poco antes o poco después, no es relevante, porque termina siendo el conserje del colegio, un personaje que no había aparecido hasta ese momento ni siquiera lateralmente y lo descubre Andy de casualidad. Es decir, que la subtrama del asesino en serie hasta este momento no cumple ninguna función narrativa más que acompañar al relato principal. Pero resulta que una oficial de policía amiga le dice a Andy que el bebé que Tracy llevaba al momento de la operación no podía haber sido suyo porque luego de haberle extraído semen para descartarlo como sospechoso el análisis había indicado que él era estéril. Esto desencadena el acto final de la película donde se van desenvolviendo varios misterios y se producen unas cuantas vueltas de tuerca. Es decir, y a esto quería llegar, toda la subtrama con un asesino en serie de jovencitas blancas está puesta en la película únicamente para que sirva como puente narrativo para indicarnos que el bebé que llevaba Tracy no podía haber sido nunca de Andy. Toda esta ingeniería narrativa que incluye una muestra de semen que resulta demostrar sin lugar a dudas que Andy es estéril, la violación de una joven y la violación seguida de muerte de otra joven mujer está puesta en la película para habilitar la sospecha de Andy respecto de la fidelidad de su mujer. No cumple otra función en la película. No tiene casi consistencia y tiene una resolución muy simplista.

Uno podría pensar: ¿eran realmente necesarias estas muertes violentas de mujeres en estas películas que por otra parte ya de por sí tenían materiales de sobra para generar un buen relato de suspenso? ¿eran inevitables para que el relato se sostuviera robusto? ¿no había otra forma de hacer que la Policía encontrara el rastro de la banda de secuestradores de *Don't Say a Word*? ¿no había otra forma en la que Andy podía enterarse que era estéril y por lo tanto que Tracy lo estaba engañando con otro hombre más que incluir el asesinato y la tortura de mujeres en cámara en *Malice*?

La muerte de la mujer y la exposición de su cuerpo son *tropos*, figuras literarias, típicas del género y lo seguirán siendo. Pero uno podría pensar si en algunos casos la naturalización que damos de estos asesinatos figurados no excede lo narrativamente convencional y se termina convirtiendo en puro morbo y violencia injustificable. Es precisamente a eso a lo que llamo «el problema de la chica muerta».

James H. Chase y yo

Hace muchos años, digamos 1995/1996 para ponerle una temporalidad concreta, había en Santa Fe y Salguero en la Ciudad de Buenos Aires, una librería con una gran mesa de saldos editoriales. Ahora no sé qué hay exactamente, una farmacia o algo así, no estoy seguro. Pero en esa época estaba esta gran mesa de saldos y el plato fuerte de esa mesa eran unas ediciones muy bien cuidadas de la colección *Grandes Novelistas Emecé*. Por $15 se conseguían tres novelas de James H. Chase. Hoy en día ya sabemos que ni un alto guiso se consigue por $15, mucho menos un solo libro. Aún saldado. En casa, papá tenía algunas novelas de James Chase que yo había leído con devoción. Una vez leídas estas, empecé a ir a la librería de Santa Fe y Salguero donde pasaba horas eligiendo qué libro iba a comprar. En este caso era qué tres libros iba a comprar. Qué tres novelas de James Chase. Y la elección era muy difícil. ¿Por qué? ¿Alguna vez vieron los títulos de las novelas de Chase? Veamos algunos, en sus traducciones que por lo general han sido muy fieles a los originales:

La sangre de la orquídea

Estás solo cuando estás muerto
Acuéstala sobre los lirios
¿Hay algo mejor que el dinero?

¿Acaso no son unos títulos fantásticos? Pero esperen, hay más y sólo voy a mencionar algunos porque Chase escribió más de cincuenta novelas policiales, algunas firmados bajo otros seudónimos:

Un ataúd desde Hong Kong
Un ingenuo más
Toc, Toc ¿Quién es?

Este último en particular es uno de mis favoritos absolutos. Lo repito: *Toc, Toc, ¿quién es?* Es magistral. Es un título que como el 99% de los de Chase (porque tiene un 1% de títulos mediocres como los que son nombres propios *Eva* o *Candence* o *Mallory* y los que tienen título de novelas de espías como *Misión en Venecia* y *Misión en Siena*) inmediatamente perturba al lector, lo inquieta, le da una sensación de extrañeza. Y en ese sentido: *Toc, Toc, ¿Quién es?* es impresionante. La amenaza latente en una típica situación que nos desespera pensar. ¿A quién no lo asustó alguien golpeando a su puerta a las tres de la madrugada? Por supuesto, cuando entendemos que fue un error o una molestia nos tranquilizamos, pero ese momento en el que no esperamos a nadie y de pronto alguien toca la puerta... ese momento es espeluznante ¿no?

Otro gran título: *Prefiero seguir pobre*. Fíjense la potencia que tiene en un título de policial esa afirmación. Dejar de ser pobre en el mundo de Chase significa que lo que hay que hacer es terrible y posiblemente terminará costándole la vida a ese "ingenuo más" que lo intente. Porque por supuesto, las novelas de Chase tratan sobre perdedores, ingenuos, matones de poca monta que tienen una oportunidad que parece caída del cielo de cometer el crimen perfecto: una joya encontrada de casualidad, una hermosa mujer que aparece de la nada, un robo al banco que parece no tener fisuras... pero en este mundo de canallas siempre algo sale mal y no es extraño que el héroe termine mal.

Tengo un recuerdo de mi lectura de Chase que nunca me abandona. Estaba en séptimo grado (sí, ¿qué edad se creen que tenía cuando descubrí a Chase allá por 1995/96?) y tenía una maestra de Lengua, la señorita Itatí que nos había dado una clase sobre el formato "novela". En esa clase nos había dicho: "En una novela el protagonista nunca puede morir". Yo acababa de leer una novela de Chase que recuerdo me había impactado muchísimo: *Las fotografías de la muerte*. En esa novela el protagonista, para peor en primera persona, moría y en el último capítulo había un cambio de narrador que terminaba de darle una coda amarga a la novela (porque sí, las novelas de Chase suelen terminar de forma agridulce con suerte). Bien, levanté la mano como buen *nerd* y con tono canchero le dije a la maestra: "Eso no es así: en una novela de Chase que acabo de leer el protagonista se moría". La pobre docente argentina habrá pensado "¿qué hice yo para merecer esto?" pero en cambio contestó magistralmente: "Es que los grandes genios de la literatura se pueden permitir ese tipo de trasgresiones." ¡Que grande la maestra Itatí! Acababa de zafar de una pregunta incómoda y además me había hecho sentir un lector agudo. Porque todos los que leemos sabemos que no existe nada más bello en este mundo que una voz autorizada diga que los libros y los autores que leemos son "grandes libros", "grandes novelistas" o "grandes novelistas emecé" ¿no?

Bueno, tengo una terrible noticia que darles: Chase no es lo que se dice un "buen escritor". Digo, sí, nos encanta, lo amamos, nos ha regalado algunas de las mejores horas de lectura de nuestras vidas pero si nos sentamos a leerlo en profundidad y leemos unas diez, quince, veinte novelas vamos a terminar encontrando que casi todas tienen una estructura muy similar, casi industrial.

Podemos resumir esta estructura en la siguiente fórmula: **Perdedor o tipo que está abajo + Hecho fortuito que lo pone ante la posibilidad de su vida + Mujeres del bajo mundo + Escena de sexo que bien puede pertenecer a una película pornosoft + Todo termina saliendo terriblemente mal + Final agridulce o directamente malo.** Chase es el ejemplo perfecto del escritor que se tomaba la escritura como un trabajo y los resultados están a la vista: millones de ejemplares vendidos; el tipo cumplió su sueño de ganarse la vida divirtiéndose. ¿Cómo puedo asegurar que se divertía escribiendo? Porque es fácil encontrar en un libro las emociones del que lo escribió, el estado en el que lo escribió y las novelas de Chase son un derroche de método, estructura y también una oscura y amarga alegría. Las novelas de Chase presentan situaciones tremendas y hay sin dudas una fuerte crítica social, moralista y paternalista en muchos casos, pero atravesada por una especie de risa irónica y amarga, como escapada entre los dientes cerrados.

Chase era un obrero de la novela policial: un tipo que metía un título imbatible (*De nada sirve morir; Con las mujeres nunca se sabe*) en unas construcciones de trama precisas y repetitivas, con personajes vulgares a la búsqueda de ese gran golpe que los liberara de la vida mundana y sacrificada y les permitiera vivir cómodos en las playas de California.

En ese sentido lo original de Chase respecto de los padres fundadores de la novela negra como Chandler o Hammett es que sus personajes son de abajo, como Marlowe quizás, pero no merodean entre la clase alta para denunciar su decadencia con tono melancólico ¡No! Los personajes de Chase sueñan con ese destino de podredumbre social encumbrada porque vienen de la podredumbre del fondo y quieren un lugar allá arriba. En eso es donde se ve quizás el moralismo reaccionario de Chase: historias de pequeños ladrones, pillos, delincuentes y asesinos de poca monta que casi invariablemente terminan castigados por su ambición de una vida fácil.

Voy a terminar con otra anécdota personal. Hace unos años encontré en la casa de mi abuela paterna (sí, el gusto por Chase es de familia y por parte de padre en mi caso) editado por la colección *Séptimo Círculo* (pero en la segunda época, creo que a Borges le hubiera dado un síncope de leer a Chase) una novela del maestro llamada *Hay un hippie en la ruta*. Por supuesto con ese título magistral, provocativo, sutil, tan lleno de conflicto político de los años 60s no pude más que leerla. Lo hice y quedé un poco decepcionado porque la historia me pareció poca cosa y los personajes planos. Sí, Chase tiene decenas de mejores novelas que esa, pero lo que me quedó también claro es que a veces no está tan bueno volver a lo que nos hizo felices tanto tiempo atrás y que es mejor seguir adelante, leyendo otros escritores que han tomado el manto y hacen cosas increíbles. No quiero decir que no haya que leer a James Chase pero sí que por lo menos para mí, fue una influencia fundamental y quiero que ahí quede, en ese lugarcito, el de haber sido uno de los mayores responsables de que me haya convertido en lector, luego en Licenciado en Letras y por último en escritor de policiales.

Leído en el festival *BAN!* de novela negra el 3 de octubre de 2014.

Entero o a pedazos

Las novelas de puro género

Terminaba de leer *La Dalia Negra* el otro día y estaba leyendo un momento particularmente repugnante en el que el narrador describía frascos con pedazos de anatomías humanas en formol ("Cerebros, ojos, corazones e intestinos flotaban en el líquido. Una mano de mujer, con el anillo de casada todavía en su dedo. Ovarios, bultos de vísceras informes. Un frasco lleno de penes. Dentaduras postizas repletas de dientes de oro.") que encontraba en la casa de un sospechoso de haber asesinado a Elizabeth Short, cuando me di cuenta de algo, que si bien no va a revolucionar las concepciones sobre el policial, bien amerita una reflexión.

Pensé que hay una serie de policiales negros que pueden considerarse *breaktrhough* o que han marcado época, que han generado muchísima discursividad a partir de ellos y muchísimas narraciones que comparten una característica común: todos tratan sobre descuartizamientos, torturas y un gran componente necrofílico. Casi un subgénero.

Mi amigo Darío me comentó en relación a *Pulp Fiction* de Quentin Tarantino que es una película que no tiene lugares bajos. Y sin embargo, tanto *Pulp Fiction* como *Reservoir Dogs*, comparten la matriz ellroyiana: mucha testosterona (recordemos que son dos películas netamente masculinas, con protagonistas masculinos y donde las mujeres, si las hay, son acompañantes, son parte del mobiliario, parte de la decoración), mucha violencia, mucho sadismo en las imágenes y códigos de honor rotos. En definitiva, todos son ratas. El valor masculino de la lealtad y la honradez, se cae a pedazos en las narraciones de James Ellroy. Otro de los puntos que lo apartan de Chandler.

Respecto de los otros policiales *breakthrough* del género, paso al otro dicotómico del *Noir en testosterona* que es Ellroy, el *Noir en esteroides* que es *Sin City* de Frank Miller.

En la trama de *A hard goodbye* (*Una dura despedida* en castellano, título que borra la intertextualidad con el *The Long Goodbye* de Chandler), el primer arco argumental que escribió Miller sobre su ciudad-gótica-*noir* Basin City, se entretejen un par de historias de corrupción eclesiástica con la manía canibal-descuartizadora y necrófila de un tipejo muy extraño que se dedica a cazar mujeres para completar una especie de colección personal de presas a quienes devora vivas mientras las obliga a ver el macabro espectáculo.

Una dura despedida fue la primera historia de *Sin City* y fue tal su éxito que permitió a su creador seguir escribiendo historias ambientadas en esa ciudad, retomar personajes, jugar con la intertextualidad en el interior de su propia obra. No sólo eso, sino que además se convirtió en referencia ineludible de las novelas gráficas de los años 80-90. dio fama, dinero y prestigio a Frank Miller (¿acaso no tiene nombre de policía duro de Ellroy?), le abrió puertas en el mundo del espectáculo (recordemos que hizo el primer guión, luego desechado por demasiado oscuro por parte de los estudios, para *Robocop 2*) y coronó todo esto con una película del año 2005 que reúne varias de las historias de *Sin City* y que tendrá su continuación en los cines en breve.

Todo esto sin contar con que ese cómic se instituyó como una especie de monumento a las posibilidades artísticas del género. El trabajo con las luces y sombras, los blancos y los negros, la creación de una estética propia basada en el *noir* pero, exaltada y sobresaltada, la calidad de los dibujos y las arbitrariedades expresionistas en las trazas y los diseños (casi como en un diálogo con la estética de nuestros Breccia) hicieron de *Sin City*, esa referencia, ese *breaktrhough discursivo* en el género negro.

Las novelas que bordean el género: la lupa puesta sobre el asesino

Hay todo un subgénero que dudo haya sido analizado y es aquel que se encarga de enfocarse sobre cierto tipo de narrativa en la que el asesino o el psicótico es el protagonista (puede o no ser el narrador principal).

En este tipo de novela, sabemos desde el comienzo quién es el asesino y qué actos espeluznantes comete (si sus crímenes fueran simples o tontos, no sería interesante). Podría mencionar dentro de este subgénero a *American Psycho* de Bret Easton Ellis. Delimitar este tipo de novela dentro de los bordes genéricos del policial, creo que le quitaría muchas posibilidades que trascienden el encorsetamiento de un género. Pero, por su estructura, la novela me hace acordar a ese subtipo de policial que leí una vez en una novelita de Chase: el policial visto desde los ojos del asesino. La historia de la novela de Ellis es bastante conocida y si bien su ambiguo final y las posibilidades interpretativas que abre (y que hace bien en no cerrar) lo que interesa es ver que Patrick Bateman, *yuppie* psicótico, se dedica a destripar, decapitar, guardar miembros de sus víctimas en el *freezer*, y un largo etcétera de monstruosidades donde no queda exento el momento necrofílico necesario. De más está decir que la novela representó a la perfección y sin fisuras, todo el espíritu de los '80s y que, a mi entender, sigue siendo una novela perfecta para entender la posmodernidad y la era del fin de las certezas.

Hay una novela más que también vale la pena pensar: *La condesa sangrienta* de Valentine Penrose. Nuevamente, la novela se inscribe en el entrecruzamiento entre novela histórica y policial histórico. A modo de biografía novelada sobre la extravagante vida de Erzebet Bathory (quien gustaba de darse cálidos baños en sangre de bellas vírgenes hijas de sus siervos) la novela se demora en interminables descripciones sobre dolorosísimas sesiones de tortura, elementos especiales para tales fines, baños de sangre, etc. Para entender la magnitud y la importancia de la novela cabe pensar la influencia que ejerció sobre Alejandra Pizarnik y basta con ir a cualquier librería a pedir el libro para poder disponer de él. Es un long-seller desde hace unas cuantas décadas.

La novela que todavía no fue

Por último voy a mencionar un caso policial que todavía no encontró su versión definitiva en forma de novela, a pesar que hubo unos cuántos intentos de llevarlo a cabo. El caso del que hablo es el más obvio de todos: *Jack the Ripper*. Un caso que juntó todos los elementos posibles para convertirse en un policial negro *breakthrough*: prostitutas destripadas, pedazos de cuerpos enviados a la policía, acusasiones cruzadas, conspiraciones, barrios bajos, sexo, necrofilia, canibalismo (Jack mandó una carta a la policía con un riñón de una de sus víctimas diciendo que se había comido el otro), etc. Y si bien hubo, como decía, muchos intentos, nunca se escribió (todavía) la novela que diera al caso un lugar de honor entre los policiales negros. Estuvo la novela gráfica de Alan Moore, claro que sí (*From Hell*) que fue llevada al cine de forma decepcionante, pero fue más que nada una típica novela gráfica de Moore: mucha filosofía, mucha política, mucho detallismo y poco policial. Hay una investigación financiada y conducida por Patricia Cornwell (escritora de policiales forenses) que según ella determinó fehacientemente la identidad de Jack. El libro se llama *Jack el destripador: Caso cerrado* y se consigue en librerías de saldo.

Entonces tenemos que algunas de las más influyentes historias policiales negras de la historia del género tienen como ingrediente principal la inclusión de descuartizamientos y la inclusión de atracción sexual por esos cuerpos desmembrados y por la misma muerte. Una tradición literaria que podríamos remontar al Marqués de Sade. Y pienso en la idea que sostiene que el Marqués de Sade fue el fundador de la literatura moderna con esos escritos obscenos que incluían precisamente: desmembramientos e impunidad. Los actores de esas orgías del Marqués nunca pagaban por sus actos terribles: podían torturar y matar doncellas durante el tiempo que quisieran y por su sola condición de nobleza, estaban ajenos al castigo. Patrick Bateman nunca fue agarrado y sus víctimas, reales o imaginarias, nunca conocieron la justicia; el caso de la Dalia Negra permanece impune en la vida real; el caso de Jack el destripador permanece impune; Marv veía cómo sus sesos se freían al final de *Sin City* por aplicar su propia noción de justicia y Erzebeth Bathory, como se cuenta en la novela de Penrose, fue finalmente "ajusticiada": se la obligó a permanecer encerrada en su recámara durante el par de años de vida que le quedaban cuando se descubrieron sus crímenes brutales.

Es decir, la constante en estas novelas y en esta subrama del género son:

- La presencia de mutilaciones y desmembramientos.
- La atracción sexual como parte integrante de este procedimiento.
- La impunidad de sus autores.

- La potencia de las temáticas que han convertido a estos ejemplos analizados en clásicos, de la historia, de la literatura y del policial negro como género literario.

Creo que es interesante pensar entonces cómo estos elementos se conjugan dando la materia básica de todo buen policial negro pero en dosis tan altas que se convierten instantáneamente en clásicos del género:

La corrupción y decadencia moral de una sociedad (representada por la brutalidad de los asesinatos y la impunidad) y el erotismo desbordado que sobrepasa a la rubia platinada que seduce al detective rudo y genera la atracción de la repugnancia: cómo alguien puede estar tan enfermo para sentirse atraído sexualmente por los muertos y peor aún, por los cuerpos desmembrados.

Como Bucky Bleichert en la *Dalia Negra* de Ellory sostenía, el problema de tomarse estos casos como asuntos personales es que te terminan carcomiendo, destruyendo por dentro.

La literatura, es una salida posible. El escape catártico.

Y si no, vean *Mis rincones oscuros* de Ellroy en donde el autor expurgó a forma de autobiografía la investigación por el asesinato de su madre, similar al de la Dalia Negra.

¿Vale la pena morir por el cadáver de una prostituta?

—¿Cómo es que sos tan duro y tan tierno a la vez?
—Si no fuera duro no podría estar vivo, si no fuera tierno no merecería estarlo.
Philip Marlowe

Vale la pena morir

No hay escena más conmovedora y crucial para la construcción de *Sin City: A Hard Goodbye* y luego toda la saga de Basin City que la escena en la que Marv le descerreja tres tiros a un cura, en un confesionario, cuando éste acaba de darle el nombre de los responsables de la muerte de Goldie. El hombre de fe, intuyendo lo que Marv va a hacer con esa información le dice: "pregúntate si vale la pena morir por el cadáver de una puta". Marv le responde con tres disparos a la cabeza y en el estampido de cada disparo se filtra la frase que sostiene sobre sus espaldas simbólicas todas las posibilidades de la narración de Sin City y acaso, uno de los factores que lo convierten en un verdadero policial *noir*: "Vale la pena morir, vale la pena matar y vale la pena ir al infierno. Amén."

En la primera oración, "vale la pena morir" se nos presenta al héroe romántico y condenado del *noir*. Marv es un duro que se juega la vida por una prostituta muerta. Por Marv, un tipo deforme y horrible tiene en el fondo, un corazón que late y que está agradecido de por vida a la única mujer que le hizo el amor.

Casi como el Monstruo en *Frankenstein*, Marv es un ser que mete miedo de verlo, que tiene unas espaldas tan anchas que hace imposible pensar cómo podrías noquearlo, que resiste unos cuantos balazos, que vio cosas demasiado feas en su vida, que necesita unas cuantas descargas de silla eléctrica para quedar frito y que para colmo, es terriblemente feo: lleno de cicatrices y la fealdad de un dolor interno inconmensurable. También, como el Monstruo, él quiere amor y ante la imposibilidad de encontrar un Doctor Frankenstein a quien perseguir y convertir en némesis de por vida por la negación de éste a crearle un ser similar para amar, Marv se conforma con el amor de una mujer que se acostó con él sólo porque supuso que el hombre la iba a proteger. Pero ese Marv como decía, es un ser sensible que amó una sola noche en su vida y que está dispuesto a vengar el cadáver de la mujer que lo usó: le está agradecido por haber sido más amable con él que ninguna otra mujer en su vida.

Es interesante que Marv esté dispuesto a morir por el cadáver de una prostituta. Como Antígona sacrificándose a sí misma por dar entierro a sus hermanos, Marv necesita rendir un último tributo a ese cadáver que es la consumación de su vida: luego de esa noche de amor, Marv ya no tiene otro motivo para vivir más que rendir tributo a los vestigios de la mujer que amó. El destino de Marv quedó sellado desde el momento en que se acostó con Goldie, podría considerarse que ese fue su momento de *hybris*: la desmesura y el desafío al orden que los dioses han impuesto. Marv no estaba destinado para amar y desde el momento en que se acuesta con ella rompe el pacto y empieza a ser perseguido. De no haberse acostado con Goldie, de no haber amado, Marv podría terminar la historia con vida y hasta podría haber matado a toda la plana mayor de la corrupción sexual y política de Basin City sin ser apresado nunca, pero el hecho de que se acostara con Goldie y la amara selló su destino. Marv lo reconoce cuando sentado en la silla eléctrica apura a sus verdugos: "¿Podrían apurarse? ¡¡No tengo toda la noche!!". Vale la pena morir por ella es el romanticismo puro, el costado sensible y caballeresco del que se nutre el policial *noir* de vieja escuela, es el héroe dispuesto a morir por nada más que el honor, la justicia, la verdad y también, la venganza.

Vale la pena matar
"En vale la pena matar" se condensa el costado duro del héroe de policial *noir*: un tipo dispuesto a matar a quien sea necesario matar sin sentimientos de culpa o remordimientos. Simplemente, hay un trabajo que debe hacerse y se hará. Los enemigos son obstáculos que se interponen necesariamente entre el punto de partida y la meta de llegada. Podría suponerse que hay una situación inicial que el héroe deberá investigar para llegar hasta el o los responsables y para eso, deberá atravesar un montón de obstáculos en forma de informantes, secuaces y enemigos de distinta calaña, todos ellos descartables, todos ellos asesinables.

Una vez llegado al responsable también queda la posibilidad de aniquilarlo o en todo caso, entregarlo a la justicia. Posibilidad menos glamorosa sin dudas.

Matar por ella implica el costado que hace duro a Marv. Si ya nos demostró que es un sensible porque está dispuesto a morir por ese cadáver ahora nos muestra que también tiene dientes afilados y que está dispuesto a cargarse a cuantos tipos sea necesario con tal de restituir un balance en el universo. Goldie, personaje secundario, que ya aparece muerta en la viñeta número 14, equivale a cientos de otros personajes secundarios que dejan su vida a cambio de la de ella y que también entra en el juego de lo que yo llamo "el problema de la chica muerta"[1]

El peso específico de la prostituta que muere para que se abra la narración es muchísimo mayor que el de otros personajes secundarios cuya muerte suman ese peso. La muerte final de Roark, el autor intelectual del asesinato, finalmente sobrepasa ese peso y la balanza, desbalanceada nuevamente, sólo puede encontrar un nuevo punto de equilibrio con la muerte de Marv.

En cualquier policial convencional, el peso desbalanceado puede quedar como forma de mostrar que finalmente, el Bien es más poderoso que el Mal, pero en *Sin City* el Bien y el Mal son parte de una misma sustancia indisociable, por lo tanto, debe haber un equilibrio que permita que la masa con la que se conforma esta cosmogonía vuelva a encontrar un remanso.

Vale la pena ir al infierno

La última oración de la frase le imprime el costado *trash* y *hardcore* propio de la serie *Sin City*, casi su marca de identidad. El exceso de ir al infierno por alguien supone la condensación, la superación casi dialéctica si se quiere, de las oraciones anteriormente enunciadas: es

---

1. Vease el ensayo "El problema de la chica muerta" en este mismo libro.

romántico y duro al mismo tiempo. Es romántico porque implica la noción de sacrificio por la prostituta y es duro porque implica la necesidad de haber hecho algo tan terrible como para que merezca la perdición eterna de un alma.

El contexto de la Iglesia donde sucede la escena le suma dramatismo e intensidad. El cura le dice a Marv cuando entiende las intenciones que se trae: "Santo cielo, hombre... esta es la casa de Dios". La casa de Dios no garantiza la pureza de las intenciones, el cura sabe perfectamente que el responsable de la muerte de Goldie es Roark, un sacerdote con la suma del poder paraestatal de Basin City.

Si el policial *noir* se construye sobre la podredumbre social y apunta a canalizar desde la violencia simbólica desatada a partir del crimen la representación de un contexto social en proceso de derrumbe, el conflicto principal del que se nutre Sin City es el de las instituciones corruptas que han determinado un estado de cuasi anarquía en donde la ley del más fuerte convive dificultosamente con el poder corrupto enquistado en el Estado. En este sentido, la Iglesia es la única cara institucional representada, donde se condensa la maldad y el conflicto social. La policía y la justicia, como claros subalternos de ese poder y el crimen de Goldie aparece como una forma de delirio místico. En ese sentido, *Sin City*, la Ciudad del Pecado, parece haber sido construida justamente sobre las ruinas de una Iglesia omnipotente que emana desde sí la corrupción y el cáncer social que intenta combatir.

Amén

Que así sea y la cara de Marv. Que así sea y la posibilidad de construir una venganza que limpie la injusticia, la catársis que encuentra el punto de restitución del órden desdibujado. Desdibujado en los trazos y las líneas, los juegos de claroscuros que conforman la otra pata de ese policial tan oscuro y tan sobreactuado. Frank Miller y su estética del desborde. Que así sea.

Crónicas y otras reflexiones

Una infancia menemizada

Hoy pasé por la puerta de mi colegio primario. Venía caminando por la calle Pichincha y cuando llegué a Hipólito Yrigoyen lo vi: el viejo edificio de paredes granito gris. Ya no es más un colegio primario-secundario y Jardín de infantes. Creo que ahora es un edificio privado. Alguien lo habrá comprado y le habrá restituido su función primigenia: mansión en un barrio que no acostumbra esos lujos; Balvanera.

Frente al edificio todavía está la plaza Primero de Mayo. Ahora enrejada. Decían que antes había sido un cementerio y nunca supe si eso lo decían en serio o era sólo para asustarnos. Tenía la fantasía de que si hacía un pozo profundo en la arena me iba a encontrar con huesos humanos. Siempre veíamos vagabundos durmiendo en los bancos de la plaza y las maestras no nos quitaban la vista de encima las veces que por alguna amenaza de bomba nos mudábamos ahí. Como si una bomba que fuera a explotar en el colegio no nos pudiera matar si nos parábamos justo en frente.

Fue todo un tema lo de las amenazas de bomba, en especial después del Atentado a la AMIA. El atentado a la Embajada no afectó demasiado nuestra cotidaneidad; después de todo era un objetivo militar. Pero la AMIA fue otra cosa. Hacíamos natación en Hebraica, donde ahora laburo, y cuando voló la AMIA, a la semana siguiente mudaron la actividad: fuimos a hacer nado en un club católico, apostólico, romano y lejano a cualquier tipo de amenaza terrorista. Así era mi colegio; se decía progresista, se enunciaba del siglo XXI y daba volantazos temerosos en medio de la tormenta. Como cualquier progre.

Se llamaba Instituto Acuario y la calcomanía que decora la ventana del cuarto de mi hermano es de las pocas cosas que conservo de la parnafernalia casi proselitista con la que el Colegio Privado en tiempos de Privatización se hacía marca. Acuario era por eso de "La era del Acuaaaa-ri-oooooo". Nunca supe qué significaba, pero sí que tenía algo que ver con el *hippismo*. Siempre me pareció una pedorrada. Me daba vergüenza decir que iba al Acuario cuando me preguntaban por mi colegio. Es una vergüenza que no se fue del todo hoy en día. Mucha gente conocía y conoce al Instituto Acuario. Es casi como la teoría de los 6 grados de separación: juntá una cadena de 6 personas o menos y vas a llegar de algún modo a alguien que haya ido al Acuario, al menos un año o dos. Preguntale al hijo de algún famoso y vas a ver que seguramente fue al Acuario. Podría dar nombres, pero no es lo mío ir haciendo eso. En su momento era un colegio muy *cool* y muchos hijos de famosos, intelectuales progres cayeron en sus garras. No sé si es estrictamente así, pero creo que eran el Jean Piaget y el Acuario los dos colegios que competían por una misma franja de público. Yo pasé por los dos. Primeros años de Jardín en el Jean Piaget, cuando todavía estaba ubicado cerca de casa (en José M. Gutierrez entre República de la India y Lafinur) y cuando se mudó a "Rossetti" (así, metonímico como Puán) me fui para Acuario. Estaba en preescolar y el colegio quedaba en Quirno Costa (así, metonímico como Puán y Rossetti). Hasta 2do grado entonces fui al colegio en Quirno Costa hasta que el colegio Cristóforo Colombo reclamó lo que era del César y se quedó con el edificio. Nos mudamos al edificio por cuya puerta hoy pasé.

Como dije, era una mansión antigua que había pertenecido a los hermanos Spinetto, los dueños del shopping que se ubicaba y se sigue ubicando a unas pocas cuadras. Ese que fue uno de los primeros "Centros Comerciales" en la Ciudad de Buenos Aires es hoy acaso el shopping de clase media lumpenizada por excelencia.

El colegio era doble turno y ofrecía la opción de pasar los almuerzos con diversas opciones: llevarte tu propia vianda o pagar un extra para que te incluyeran en la lista del *cátering* que la escuela había contratado. En casa mamá siempre me mandaba vianda. Era la época del furor de esos termos que no servían para nada. Termos de plástico con tubo de vidrio en el interior que a lo sumo habrán sido pensados para contener café caliente y que mamá hacía rendir como viandera. Metía ahí adentro los *cappelettinis* recién hechos, a eso de las ocho de la mañana para que al llegar las doce del mediodía todavía conservaran su calor. Era sacarle la tapa al termo y desparramar la torre de pasta comprimida en el plato. En algún punto hasta era gracioso. Cuando los sacaba del termo y los tiraba al plato quedaban como una torre de pasta pegoteada y húmeda, blanda e imposible de volver a separar para que cada uno de ellos adquiriera su individualidad Un día, a un grupito de los chicos más populares de mi grado (que coincidían según creo con los que más plata tenían) se le ocurrió que por qué no pasaban esos almuerzos en el Spinetto, total estaba a dos cuadras nada más. Desaparecían de los almuerzos, iban a comer al Spinetto y volvían a la hora en que empezaban las actividades de la tarde. No habrá pasado mucho tiempo hasta que uno a uno fuimos copiando la idea y pronto en el colegio a la hora del almuerzo no se quedaba nadie. Era la época del Mc Combo de McDonald's a $5 (es decir, 5 dólares) y entonces, entre una y dos veces por semana invadíamos en contingente el shopping que vivía su época de esplendor. Si hasta filmaron escenas fundamentales de *Exterminators 3* (con Francella y el pibe que después se hizo adicto a la cocaína o chorro o algo así) en ese mismísimo patio de comidas que frecuentábamos los mediodías. Había otra opción de comida barata: las empanadas de carne cortada a cuchillo de una pizzería del patio de comidas estaban a $1 la unidad. Un helado soft en la heladería *Massera* creo que también salía eso y podía venir en vainilla o chocolate. Sin dudas el chocolate artificial en forma de helado más rico que haya probado. Yo quería ahorrar para comprarme una tele para mi cuarto y entonces exprimía cada centavo hasta el punto que no se me metía en el torrente sanguíneo pero casi. Me llevaba una latita de Coca de casa, me compraba una empanada, un helado soft y me guardaba el resto que me quedaba de lo que me daba mamá para almorzar. No me acuerdo cuánto era, pero con suerte me sobraban $5.

Después de almorzar íbamos a jugar en con los jueguitos que había al lado del patio de comidas. En época de ahorro sustituía el placer de jugar por la contemplación de cómo otros se dedicaban a hacerlo. Volvíamos al colegio repletos de comida, justo para ir a alguna clase de Taller Deportivo que era ir a jugar al Fútbol y al Handball en *Open Gallo* o en esas otras canchitas que quedan por Corrientes y Riobamba, acá, a dos cuadras de donde laburo. Y si no estábamos lo suficientemente llenos, siempre quedaban las máquinas expendedoras. Había dos: una de Coca-Cola y otra de golosinas. ¡Era la modernidad que se nos venía encima! Cuando pusieron la expendedora de golosinas la echaron a Estela, la señora de ordenanza que atendía un kisoquito naturista, impregnado con el espíritu del colegio en sus épocas de Quirno Costa. Ese espíritu empezó a morir cuando tuvimos que mudarnos y para eso se recurrió a los favores financieros de un tipo que se olvidó un poco del espíritu de Acuario y empezó a buscar un poco del espíritu del papel moneda.

Mamá se enojó mucho cuando la echaron a Estela. Mamá trabajaba en el colegio, en la parte de Jardín de Infantes. Era la vicedirectora del turno tarde. Alguna vez me trajo algún pequeño problema. Pero eran más los beneficios: como era amiga de la Directora de Primaria siempre tenía algún mínimo de tolerancia extra si me mandaba alguna cagada y algunas veces cuando salía, estaba allá para pasar a buscarme y llevarme a casa, previo paso por el almacen de la vuelta, que todavía vendía galletitas sueltas (*Boca de dama con chocolate, anillitos, melbas*), o a la panadería de la otra esquina. Algún almuerzo también habré tenido con ella en la pizzería *La posta*, que quedaba y todavía queda en la esquina. Hoy, cuando pasé por ahí, vi que todavía seguían todos esos negocios, casi petrificados en el tiempo. Si hasta estaban el videoclub sobre Pichincha que me vendía los juegos del *Mega Drive* y la casa de electrodomésticos, también sobre la misma cuadra que cumplía la misma función para mí. El almacén ya no vende más galletitas sueltas.

Hice toda mi primaria en Acuario. Mi heramano no. Creo que llegó hasta quinto grado y lo cambiaron a uno estatal, justo cuando yo terminé séptimo. Era 1996. La situación económica en casa ya no era tan esplendorosa y el colegio ya empezaba a dar signos claros de decadencia. Mamá siempre sostuvo que primero fue la máquina de golosinas. Un elemento del primer mundo incrustado en nuestro tercermundismo con aspiraciones. Y además un elemento de corte tan netamente *yanqui*: la máquina que vendía golosinas. La máquina que vendía azucar y me hacía engordar. Mamá se preocupaba mucho por mi peso y se quejó ante sus jefes, que eran obviamente los que manejaban el colegio, por el hecho de que cuando ella me quería instruir en una dieta sana se me estimulaba con esa máquina bendita y la habían echado a Estela que vendía sus manzanas rojas. No le hicieron caso.

Después de Estela echaron a Susana, una de las directoras de Primaria. Y después de Susana... Mamá ya sabía que le tocaba. Llegó a un acuerdo decoroso y se fue. La otra directora pensó que a ella no la iban a tocar. Era una de las socias. Pero también la echaron cuando yo ya había terminado.

Antes de todo eso ya habían incorporado el edificio de al lado para hacer la secundaria. Eso estuvo bien, porque cuando jugábamos al fútbol en la terraza y se nos iba la pelota al edificio de al lado era medio jodido pasar por la reja. Del otro lado estaba la casa tomada, los vidrios rotos en el piso, la basura acumulada y expuesta al sol, los otros, los harapientos que nos miraban con una mezcla de envidia y asco. El mismo asco de clase que nosotros sentíamos por ellos y la misma bronca suya por nosotros cuando no nos devolvían la pelota y se la quedaban. Todo eso se solucionó cuando compraron el edificio para hacer la Secundaria. Barrieron con todo y pusieron unas instalaciones impresionantes, con un laboratorio de Biología que daba pavor verlo de tan sofisticado. El Instituto Acuario entraba al primer mundo y ¿Qué mejor que celebrarlo con todo? Para eso compraron el edificio de la esquina de Pichincha e Hipólito Yrigoyen. Justo la esquina por la que pasé hoy. Su idea era construir un edificio que contuviera todas las necesidades que teníamos como colegio en un anexo que nos permitiera ahorrarnos el viaje al *Open Gallo*. Había planos y proyecciones colgadas en la recepción, esa que te recibía apenas subías las escaleras de mármol y por la que no tenías más opción que pasar para llegar a cualquier lugar del colegio.

El nuevo edificio seguro que también iba a tener un piso dedicado para las exposiciones de Ciencia que hacíamos, las exposiciones de plástica que hacíamos, las exposiciones de cualquier tipo y factor que se hacían en el colegio. Me acuerdo de la palmera gigante que ocupaba el centro del arenero, al fondo, lo usaban sobre todo para el Jardín de Infantes pero a veces nos tocaba. Atrás de ese árbol si no me acuerdo mal, Ignacio le mostró la verga a Carla y ella no dijo nada. Debió haber sido una especie de tributo a la chica que todos los chicos querían darle aún antes que supiéramos qué significaba darle a alguien. Seguro que los campamentos que hacíamos no los íbamos a poder hacer en el Edificio Nuevo. Necesitábamos algunos árboles, algo de pasto, y el rugido de los leones del zoológico de Cuttini que estaba al lado del campito al que íbamos. Creo que cuando se dijo que uno de esos leones se había comido a una nena dejamos de ir a acampar a ese lugar.

Séptimo grado pasó fugaz pero intenso. Todavía tengo la remera del uniforme del colegio, desflecada y sin firmas. No la pasé para que me la firmaran por una mezcla de orgullo (esperaba que me la pidieran para pasarla) y factor antisocial-snob que ya iba perfilándose en mí. Lo único que dice esa remera es "RACING CAMPEÓN" que escribí yo. Aunque todavía faltaban cinco años para ese 2001 en que me enteré, estando en Amsterdam, que finalmente, Racing había salido campeón.

Y hoy pasé entonces por ahí y lo vi al ex colegio. Poco después que yo me egresé, cerraron esa sede y se mudaron a otro lado. Duró unos pocos años más y después también cerró. Creo que ahora sus antiguos dueños subsisten con otro nombre, otra marca, quizás algo menos progresista y más *Nac&Pop*, para ajustarse a los tiempos que corren.

Hace pocos meses me reencontré via Facebook con un ex compañero que había dejado de ir a Acuario de la noche a la mañana. Al menos ese era mi recuerdo. Había sido mi mejor amigo ahí adentro y su partida resultó un golpe duro para mi infancia. Se había ido a vivir al campo y nunca más había sabido nada de él, pese a mis intentos de volver a contactarlo. Al menos le encontré una mínima utilidad al Facebook.

Hoy pasé por la puerta de mi ex colegio. No entré, ahora es un edificio privado. Pero hace poco sí entré al Spinetto. No es lo que era. El patio de comidas estaba desolado, cooptado por un supermercado que había sustituído los negocios independientes por sus bocas de expendio de comida pre-hecha. Ese mismo patio de comidas que nos vio vivir a mí y mis compañertios los partidos del mundial de Estados Unidos '94 y no, no había caso, ya desde esa época el fútbol me importaba poco y nada. Entendía tan poco como para escrbirme en la remera de egresados "RACING CAMPEÓN".

Miento, no era el mismo patio de comidas. Ya no había empanadas a $1 ni Mc Combos a $5 ni helados de *Massera*, los videojuegos clásicos que alojaron esas paredes de techos altos ya no estaban (la saga de los *Mortal Kombat*, el *Vendetta*, el juego ese del holograma, *Crusin'USA*, *Daytona USA* en el que nos desafiábamos a competir cuando terminábamos de almorzar y nos sobraban algunas monedas, el de los *Simpsons*, *Captain Commando* y tantos otros) y habían sido reemplazados por el *Pump it up* o algún que otro juego decadente de esta época en la que los Arcades son especies en vías de extinción.

Pasé hoy por la puerte de mi ex colegio y vi su portón garage por donde salíamos a veces; me vi a mí mismo saludando a Lola, mi primer noviecita cuando tenía siete u ocho años; vi a mi vieja esperándome a la salida; me vi a mi mismo llorando, disfrazado del Padre de José de San Martín después de un acto porque Mamá, mi Mamá no aparecía; vi los fantasmas de la plaza, esos fantasmas que nunca antes había visto. Lo vi todo de nuevo. Y el edificio nuevo, el edificio que iba a completar el colegio, que iba a ubicarnos como la vanguardia de los colegios privados, seguía ahí. El mismo esqueleto de hormigón sin terminar que quedó paralizado allá por 1993 y nunca más avanzó.

Tanvimil gel para el alma

Trabajo en una biblioteca. Los sábados y domingos paso el tiempo en el que la mayoría está descansando prestando libros a socios de Hebraica en su sede de Pilar.

El laburo está bueno porque paga bastante bien para ser un trabajo de 6 horas dos días a la semana y porque me deja estudiar y leer todo lo que quiera. Mi promedio de lectura desde que empecé a trabajar en la biblioteca hace ya un año y medio se multiplicó abismalmente. Y además, me provee de pequeños detalles que a veces son interesantes. El año pasado por ejemplo, atendía al lado de la pileta durante el verano. Asi fue que tuve la posibilidad de vérmelas con montones de abogados/as, psicólogos/as, banqueros/as, etc. muy respetables y seguramente muy progresistas (en la colectividad pertenecer a este club es sinónimo de ser progre) mostrando sus carnes, en cueros, en bikinis. Lo que me sucedió ayer es uno de esos bonus que tiene mi laburo (sumado al de poder leer libros nuevos que mensualmente se compran en la mesa de novedades de Librería Santa Fe, por ejemplo). Revisando un ejemplar de *Ficciones* de Borges que me habían devuelto hace poco encontré que alguien había usado como señalador un pequeño papelito de esos que se dan en el consultorio del médico para hacer recordar acerca del próximo turno. El papel que encontré haciendo las veces de señalador del *Ficciones* era uno para el gel Tanvimil, un lubricante genital femenino.

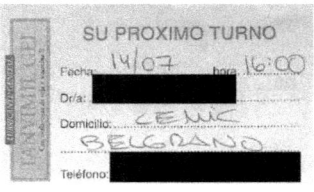

Suelo encontrarme fotos olvidadas como señaladores en algún libro a medio terminar. Por alguna razón que excede mi Yo-Consciente, guardo sistemáticamente cualquier fotografía que encuentre tirada en la calle o en un libro o donde sea. No suelo hacer lo mismo con los señaladores, pero este en particular, allí ubicado, justo dónde empieza el famoso cuento *La muerte y la brújula* me impulsó a llevármelo. Me puse a pensar las circunstancias en las que ese papel terminó sirviendo como señalador de un libro de Borges. Me imaginé a una hipotética señora X en la sala de espera de su consulta ginecológica, leyendo *Ficciones* para luego entrar al consultorio y por fin a la salida recibir el papelito con la indicación de la próxima consulta para subirse al colectivo y dejar olvidado el mismo en el libro que se había llevado para amenizar la espera. Luego, encontrando que la prosa exquisita de Borges no era para ella devolvió el libro sin siquiera volver a abrirlo.

BAJA CULTURA

Una nueva derivación del entrecruzamiento entre *"lo alto y lo bajo"*. Borges, nuestro autor más canónico y publicitado así como público todo lo que a él refiere, mezclado con lubricantes vaginales, supongo, uno de los aspectos más íntimos, personales y tabú de una persona. Lo que es una lástima porque se perdió uno de los cuentos más memorables del tomo; precisamente *La muerte y la brújula*.

Una sola vez me propuse analizar críticamente un cuento de Borges. Estaba cursando *Teoría y Análisis Literario "C"* (la de Panesi) y la obligación de la cursada me llevó a inventar una extraña teoría por la cual *El jardín de senderos que se bifurcan* sería una especie de mezcla genérica entre el policial clásico y el policial negro (era mi primer materia, mi primer monografía, mucho más que eso no se podía esperar de mí).

Luego de esa cursada, ya en 2005 cursé Literatura Argentina II dónde se nos dio como parte del programa, el mencionado cuento, *La muerte y la brújula*. Silvia Saítta nos dio esa clase y nos hablaba de distintas formas de abordar el análisis de un cuento o una obra literaria cuando nos contó de un famoso análisis que había realizado, precisamente Jorge Panesi y que la había dejado impresionada. A mí también me dejó impresionado y voy a intentar reproducir el análisis.

Como saben los que leyeron el cuento, el mismo se trata de una serie de asesinatos y la forma en que un investigador intenta descubrir al responsable siguiendo intrincados movimientos que incluyen estudios sobre cábala y otras cuestiones místicas. El primer asesinato que se relata en el cuento ocurre en el Norte de esta ciudad imaginaria que se contrapone con la Buenos Aires real. Más precisamente en el *Hôtel du Nord*. El asesino escribe en el lugar del crimen: *La primer letra del Nombre ha sido articulada*. El segundo asesinato se produce en el Oeste y el tercero en el Este. Se repite la inscripción en estos asesinatos con eso de *La segunda letra del Nombre...* y la tercera que dice que es la última letra del Nombre la que ha sido articulada aunque, Lonnröt sabe que no es así, que falta una letra. La letra que falta es la del asesinato en el Sur, dónde el mismo perecerá. El villano de turno, Red Scharlach, anuncia al antihéroe del cuento: *"Un prodigio en el Norte, otros en el Este y en el Oeste, reclaman un cuarto prodigio en el Sur;"* El "cuarto prodigio", el cuarto asesinato que falta, el que se va a producir en el Sur, es el del propio Lönnrot que morirá en Adrogué. Lo interesante, lo que me acuerdo del análisis de Panesi es de una sencillez tan grande que asombra. Simplemente uniendo los puntos cardinales de los asesinatos en el orden en que se van produciendo obtenemos el siguiente diagrama

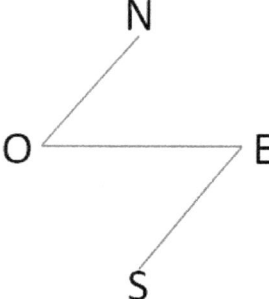

Como se ve, la imagen formada es una "S" la "S" de Red Scharlach, el villano mencionado. Simplemente, brillante. Y la brillantez reside en ser algo totalmente accesorio, innecesario, un detalle totalmente fútil pero que cuando uno lee el cuento y piensa en esto dice: "ahhhhh, ¡Es cierto!".

El análisis se completaba con otras insignificancias de este tipo y otras más interesantes, como por ejemplo un análisis de los nombres propios en el cuento, dónde *Red Scharlach* habla del color rojo escarlata y *Lönnrot* también abordaría el rojo (*rot* se traduce del alemán como *rojo*), lo que se prestaría a una interpretación que algunos han hecho dónde ven que uno y otro son uno solo, el mismo.

Y ¿qué tiene que ver todo esto con el papelito del lubricante que fue utilizado como señalador justo en este cuento? Todo y nada. Es como la "S" del diagrama. Un pequeño detalle que lleva a una reflexión. Encontrar la propaganda del lubricante en el libro de Borges me resultó algo tan surreal, tan increíble la idea de pensar en Borges y todo lo que tiene asociado ya como signo, todas las connotaciones que sucita y el lubricante para sequedad genital, una de las cosas más oscuras, *sucias* y secretas que pueda pensar, mezclados en un mismo espacio y un mismo tiempo, que todo esto me dispuso a pensar en la situación y luego a acordarme de ese análisis que tanto me había impactado. En todo caso, tanto la "S" como todo lo demás, son sólo excusas para hablar y escribir. Y de eso se trata todo esto ¿no?

El judaísmo urticante de Shalom Auslander

Antes de llegar al primer tercio de su novela *Hope: A Tragedy*, Shalom Auslander pone en boca de su personaje el Profesor Jove la siguiente frase que sintetiza perfectamente toda la novela: «Cuando aparece alguien que promete que las cosas van a mejorar, corré. Escondete. Los pesimistas no construyen cámaras de gas.» El título lo dice claramente: la esperanza es una tragedia. Y la novela en sí mismo es una tragedia, sería insensato el lector que buscara encontrar algo diferente.

Shalom Auslander (Monsey, New York, 1970) que proviene de una familia judía ortodoxa y que contó cómo se fue desencantando con la religión en su libro de memorias *Lamentaciones de un prepucio* despliega en su primera novela (la mencionada *Hope: A Tragedy*) no sólo su gran capacidad narrativa sino que también demuestra por qué es una de las plumas judías más interesantes de la actualidad. ¿Qué se obtendría de meter a los enemigos íntimos Philip Roth y Woody Allen en una licuadora? la narrativa de Auslander.

«La esperanza arruina a los hombres» señala constantemente la novela y para peor no duda en meter el dedo en la llaga: «Hitler era un optimista.» El dictador alemán no sólo creía en la posibilidad de alcanzar una Solución sino que en un derrame de optimismo creía que esta iba a ser Final, definitiva.

¿Qué es acaso el judaísmo sino una forma de esperanza y obligación de optimismo? El Mesías está llegando. Los judíos somos el Pueblo Elegido. Los judíos tenemos una Tierra Prometida a la que llegaremos o volveremos. El año que viene en Jerusalén. Optimismo. Esperanza. Y al mismo tiempo el judío *ashkenazi*, el judío de origen europeo, tiene marcada su historia por los *pogroms*, el más grande y cruel de todos siendo el Holocausto.

El judío entonces vive la dualidad del pesimismo realista que le marcan los acontecimientos y el optimismo forzoso, el elegir creer que algún día todo pasará y alcanzará un Paraíso.

Auslander se burla de esa idea y si bien no lo dice textual se puede inferir: «Nunca nada va a mejorar.» La muerte nos alcanza a todos y no es algo malo, por el contrario, cuando se acaba la vida se acaba la esperanza. En un momento el protagonista de la novela se imagina a un hombre llegando al Cielo y arrodillándose ante Dios pedirle que por favor no lo envíe al infierno y lo deje vivir en el Paraíso. Dios se ríe: «¿Al infierno? Acabás de venir de él.»

Vivir es sufrir. ¿Acaso no hay dolor en la Tierra Prometida? ¿acaso el Estado de Israel es una Tierra donde los judíos no sufren? Vivir es sufrir y para peor, como le recuerda al protagonista Solomon Kugel su madre: «No importa dónde vayas, siempre serás un judío.»

El judaísmo es muy orgulloso en su precepto de que un judío no deja de ser judío nunca y bajo ninguna circunstancia, pero el realismo impone que ser judío es también poder ser víctima en cualquier lado y en cualquier momento de un *pogrom* o un nuevo Holocausto.

La madre del protagonista de la novela es quinta generación de estadounidenses pero aún así siente que el Holocausto mató a su familia. Algo de la culpabilidad del sobreviviente seguramente porque desde que se enteró que los que sobrevivieron a los campos de exterminio sufren estrés post-traumático ella misma comienza a mostrar los síntomas.

Para empeorar las cosas, la casa a la que se mudan Kugel y su familia resulta estar ocupada en el ático por una mujer que dice ser Ana Frank. Kugel desconfía, pero la mujer sí tiene tatuado un número en su muñeca. Podrá o no ser Ana Frank (en el Centro Simón Wiesenthal le cortan el teléfono cuando llama para preguntar si Ana Frank había sobrevivido al Holocausto) pero lo cierto es que es una sobreviviente de los campos de concentración. Kugel se plantea: «¿Cómo yo siendo judío podría echar de mi casa a Ana Frank?».

Kugel discute con Bree, su mujer que también es judía y partidaria de echar a la ocupante ilegal de su casa:

—Si la persona que estuviera viviendo en nuestro ático fuera Solzhenitsyn, ¿lo echarías?
—Claro que sí.
—¿Por qué? Él sobrevivió al Gulag.
—Pero no es judío.

En cambio Ana Frank sí era judía e importa por su martirio: es la judía que tuvo que morir para representar a todos los judíos que murieron en el Holocausto y convertirse en la pieza de la lógica del

Fénix: el judaísmo que se levanta de sus cenizas. Para poder funcionar como semejante símbolo era necesario partir de las cenizas.

El Holocausto como experiencia toca ciertos límites de la narratividad y paradójicamente debe ser el acontecimiento histórico más estudiado, que más se ha narrado y del que más se ha escrito. Pero cuando se lo reduce a sus expresiones más representativas (Auschwitz, Buchenwald) deja de ser un hecho histórico para convertirse en un lugar. Pero ni Auschwitz ni Buchenwald ni Belsen fueron los únicos campos de exterminio. ¿Qué pasa con los otros lugares donde se desarrolló la máquina de muerte? ¿Son acaso campos de concentración clase B para el turismo de la memoria?

Kugel recuerda un viaje con su madre a Berlín. La madre quería visitar un campo de concentración pero ninguno de los «conocidos» quedaba cerca de la capital alemana y tenían poco tiempo. Viajan a un campo de concentración más olvidado y apenas llegan la madre se obsesiona: «¿Dónde están los hornos crematorios? ¿Dónde están las duchas?». La necesidad de trasladar la experiencia del exterminio al lugar físico donde sucedió es totalmente banal: un horno es un horno. Las duchas ya no existen porque fueron demolidas. La madre se decepciona. Como si el lugar físico donde sucedió algo horrendo que forma parte de la identidad judía de todos los judíos después de 1945 pudiera transmitir algo de esa experiencia, borrarla o meterla más en la piel o quizás convertirla en su banalización en algo más insignificante.

En el año 2009 visité el museo del Holocausto (*Yad Vashem*) en Jerusalén. Allí había un pedazo de madera exhibido en una pared y decía que era de uno de los trenes de la muerte. Sentí una electricidad recorriéndome el cuerpo y pronto me afloraron las primeras lágrimas a pesar de que no dejaba de ser un pedazo de madera exhibido en un museo. ¿Qué se hace o qué se puede hacer con la experiencia histórica? ¿Cómo la asimilamos? ¿Necesitamos incorporarla acaso?

En el presente de la novela Kugel visita una librería: «20% de descuento en libros acerca del Holocausto» lee una oferta y se entusiasma. Se lleva varios libros. Entonces la identidad judía atravesada por el Holocausto se remata con un 20% *off*.

El Holocausto no fue solo un acontecimiento histórico sino que forjó la identidad del judaísmo contemporáneo de forma irreversible. La madre de Kugel que nunca estuvo en el Holocausto pero que igual se despierta todos los días gritando como gritan cuando se despiertan muchos de los sobrevivientes, le muestra un jabón a su hijo y le dice: «Esta es tu bisabuela.» No importa que la bisabuela de Solomon hubiera muerto en una cama de hospital en New York porque en algún punto todas las víctimas del Holocausto le dicen a los judíos vivos: «Vos sos un sobreviviente.»

Culpa y pesimismo. Pero también esperanza. Ese es el combo del judío de origen europeo.

El cuaderno de los nombres raros

El otro día estaba ordenando papeles cuando encontré un cuaderno lleno de recortes que había pertenecido a mi bisabuelo.

¿En qué consiste el cuaderno? Recortados y prolijamente pegados en él hay casi trescientos avisos fúnebres y noticias antiguas donde aparecen nombres raros de personas que han vivido tiempo atrás.

El cuaderno ofrece un verdadero catálogo de excentricidades en materia de nominar. Hay nombres graciosos, trágicos, verdaderamente hijos de puta (disculpen, no hay otra forma de mencionarlos) y tragicómicos entre otras excentricidades.

Todo esto me hizo pensar nuevamente en una de las cuestiones que más me inquietan a la hora de escribir y es el tema de nombrar personajes. El nombre de un personaje es una cuestión fundamental y compleja: tiene que ser un nombre creíble, no demasiado genérico ni demasiado estrambótico, que tenga buena resonancia, que hable del personaje que escribiremos y que le pueda sonar bien a cualquier tipo de lector.

A mi gusto, el maestro a la hora de nominar personajes fue Julio Cortázar: no existe uno sólo de sus personajes que lleve un nombre que no se lea como cotidiano, casual y plausible. Esto sumado a que Cortázar tiene varios libros con nombres propios en su título (*Un tal Lucas*, *El libro de Manuel*, *Queríamos tanto a Glenda*) siempre me llevaron a pensar que le dedicaba realmente mucho trabajo al asunto de los nombres propios.

Entonces, si ustedes no saben qué nombre ponerle a sus personajes aquí les dejo la lista de todos los nombres que alguna vez llevaron personas reales, de carne y hueso, salidas del cuaderno de los nombres raros de mi bisabuelo.

Son todos los nombres transcritos a excepción de algunos que ya no son raros hoy en día (por ejemplo Javiera). Los ordené en forma alfabética y van a encontrar el listado a continuación, pero antes hice una pequeña selección interna de los más curiosos según categorías que verán detalladas:

Los humillantes
Circuncisión Domingo Pereyra
Fortunato Pititto
Juan Carlos Pis
Juan Pis
Vito Pititto

Los redundantes
Ángel Angélico
Candida Maya de Maya

Catalina Dato viuda de Dato
Diana S. García de Savoia Diana
María Antonia Meo viuda de Meo

Los neoclásicos
Ajax Delgado
Ceres Buira
Nelfi Buira
Riego Buira

Los políticos
Hitler Roberto Maggi
Nerón Bismark Cadicamo

Los de género indefinido
Ángela Nicolás Mitre
Cristian Jacobo Ana María Houtman

Los republicanos
Democraciano Nascimento
Republicano Marino
República Pérez

Adjetivos
Ametrallador Hugo Casas (guardia civil)
Duro Stern
Excelsísimo Miranda
Fredolino Trasladada
Graciosa Maggi
Iluminada Fernández

Prometido Sureda
Sincero Lombardi
Solidario Fueyo
Venido Mateu
Vibrante Gasco Ortega

Sustantivos
Antena Arbulú Aguayo
Calendario Acevedo
Camaleón Rodríguez
Canuto Ramón Becerra
Damisela Coz Campos
Espíritu Roca
Fe del Mundo

Los colores
Adul Amarillo
Heber Varrone de Negro
Inés Rojo de Ibarra
Jesús Pérez Castaño
José Verde
Luisa Mabel Marron
Placido Rojo
Rosalino Blanco
Sombra Rojo

Animales
Aguila Fernanda Gentili
Carlos Alberto Vaca Lobo
Castor Fernández

Castor Taboada
Guillermo Cordero Funes
Ida Gallo viuda de Cafrini
María Borrego viuda de Rubio
María Natalia Gallino
Maximino Calvo Caballín
Pura Fernández viuda de Carnero
Roberto Luis Ovejas

Todos los nombres por orden alfabético:
A
Abdelisia Campolo
Abondanzia Palmieri de Petriellia
Acdeel Ernesto Salas
Achiropita Sapia de Mazza
Adul Amarillo
Águila Fernanda Gentili
Ajax Delgado
Alfia Maita viuda de Palmisciano
Almendro Enrique
Altagracia Medina
Amadora González
Ametrallador Hugo Casas
Amiscora Arturo Carboni
Amor Ideal Martí
Ana María Esteves de Chorro
Ana María Reo de Hueso
Ancario Pérez
Ángel Angélico
Angel de la Paz Aragonés

Angela la Delfa de Arena
Ángela Nicolás Mitre
Angelita Mandado de Leyenda
Anhelo Hernández
Anito del Rosario Lara
Antena Arbulú Aguayo
Antodei García
Apóstol Sciala
Argelia Polese
Argemiro Otharan
Argobusto Laullon
Armelindo Magallanes
Arone Andrés Costa
Arpalice R. de Ferrari Bravo
Artemisia Caprio viuda de Miranda
Asenso Hiquis
Asterio González
Australia Escouto
Avenamar Peralta
Ayrampo Emiliano Celery

B

Basilisa González viuda de Bonilla
Baul Blumenfeld
Boyce Díaz Ulloque
Bramante Jáuregui

C

Calendario Acevedo
Calogera Balsamo viuda de Medicina

Camaleón Rodríguez
Candida Maya de Maya
Canuto Ramón Becerra
Caramelo Gómez
Caricio Pizzoni
Carlos Alberto Vaca Lobo
Casildo Coletta
Castor Fernández
Castor Taboada
Catalina Azzio de Bellissimo
Catalina Dato viuda de Dato
Cayetano de Vivo
Celedonio Macho
Ceres Buira
Circuncisión Domingo Pereyra
Colón César Ricardes
Consuelo Duro
Corino Iacobone
Corinto E. Vitullo
Corpus Cristi Martínez de Urruyta
Cristeta Bacaicoa Albeniz de Queipo
Cristian Jacobo Ana María Houtman
Crótatas Londoño Cardona
Cruza Josefa Actis viuda de Parodi
Cuba León
Cupertino del Campo
Custodio Pequeño

D
Dalmiro Marote

Damisela Coz Campos
Democraciano Nascimento
Despina Sirigos viuda de Chacos
Diana S. García de Savoia
Diana Dilermando Terrille
Diocleciano Henrnández
Dolores Sánchez de Cabeza (Dolores de Cabeza)
Doro Etchegaray
Dulce Nombre Muñoz viuda de Borrella
Duro Stern

E
Eduardo Wenceslao Lio
Egel Peralta
Electi Cantoni
Electro Antonio López
Eliseo José Pomposo Torres
Elviro Juan Talice
Enid Ortiz Aguirre
Enmendario Rigo
Enrique Carpintero Álvarez
Enriqueta María Capitan de Far
Epifanio Viangre
Ermanno Zitrin (hermano del fallecido: Santiago Zitrin)
Ermosinda Martínez de Allemanni
Erundina Almirón
Esclavitud Baston de Fernandez
Esclavitud López de Lafuente
Esmeraldino Ribeiro Franco
Esmeraldo Arévalo

España Celia Espi
Espíritu de Antequera de Roca Hunter
Espíritu Roca
Estadivario Tomás Rovatti
Etelfredo Ferioli
Excelsísimo Miranda

F
Fe del Mundo
Febo Edgar Castello
Felicidad Ruiz Escudero
Fernando Amado Cerrajeria
Filadelfio Méndez
Filciades Echagüe
Finlandia Pizzul de Mazzocco
Floduardo González
Flor de Oro Trujillo
Floriana Voces de Arroyo
Fortunato Pititto
Freddy Hernando Monedero
Fredolino Trasladada
Fructuoso Angulo García

G
Geminiano Seoane
Genio Undécimo Epifanio
Genito Sotelo
Gil Szlazer
Graciosa Maggi
Grato E. Bur

Guillermo Cordero Funes
Guillermo Liziere Muro

H
Heber Varrone de Negro
Hitler Roberto Maggi
Homobono Ruiz
Horabuena Roffe de Pimienta
Hugo Carlos Tresguerras
Hulbes Héctor Sosa

I
Ibero Argentino Iglesias
Ibón Noya
Ícaro Espartaco
Rolando Dionisi
Ida Gallo viuda de Cafrini
Idélico Gelpi
Idilia Santa Cruz
Iluminada Fernández
Inés Rojo de Ibarra
Irma Elvira Arroyo de Arroyuelo (Yoya)
Irmo Alonso
Isabel Romano Italiano de Rodríguez
Iverna Codina

J
Jacoba Faena
Jesús Pérez Castaño
José Don (Don, José)

José Verde
José Viudez
Juan Carlos Pis
Juan María Ventoso
Juan Pablo Sifon
Juan Pis
Juan Zonzo
Juana Ramundo viuda de Chimento
Julia Baños viuda de Díaz de Cerio
Julia Otero de Gordo
Julio Manco
Juventino Rodríguez Báez

L
Labajildo José María Andion
Leonardo José Celeste
Leovigildo Sánchez
Librada Ruga
Lindo Uruena
Lubrano Zas
Luisa Horacia Padilla de Schurig
Luisa Mabel Marron
Luz Divina Pacheco

M
Macrobia Espíndola
Manuel Mogo
Manuela Pura Romero de Carrera
María Aberturas de La Cruz de Cañamares
Marciana Gomez de Mansilla

Margarito Inocencio
María Antonia Meo viuda de Meo
María Borrego viuda de Rubio
Maria Euskaria Legorburu Arabaolaza
María Josefa Pánico de Pesado (Fita)
María Natalia Gallino
María Potentísima Vitacca de Postiglione
María Solitario
María Taravillo viuda de Carnicero
Mariana Aurelia Escolástica Goñi de Eder
Martiria R. de Ben
Masin del Carmen Guzmán
Matrona Mielnik viuda de Hudym
Matutina García viuda de Flores
Maximino Calvo Caballin
Maximino Calvo Caballín
Mederico Francisco Anglade
Mefistófeles de Cesare
Meluva Nora P. de Elías
Memorable Hernández
Metastacio Nardi
Mirto Lizardo Viale
Modesto Mancebo

N
Nabucodonosor Santoni
Nafnafe Jorge Abdelnur de Di Giocco
Nelfi Buira
Nerón Bismark Dameri
Nicolasa Marino de Gil Ferrete

Ninfa María Isabel Pasamani de Moreira

O
Odola María Buljevich viuda de Pascual
Olber Domenichelli
Olimpo Maresma
Omnis Lux
Orencio César Anaya
Orígenes Lessa
Orquidia Filadelfia Romaguera
Ortudes Ricardo Pereyra

P
Pampa Hernández
Parides Tito Panza
Paseano González
Patria Gil
Pedro Californio Basovich
Pedro Peligra
Pegerto Eiriz
Pejerto Rey
Perseveranda Rosa Cerezo de Cevallos
Placido Rojo
Plaxeles Gutiérrez
Policromo Velasco
Polonia Chieri
Polonia Qutroccio de Quatroni
Polonicio S. Villagra
Potito Peloso
Potomia García de Monge

Praxiteles Ferreyra
Precentacion Alegre
Presentado Vera
Primavera García de Alonso
Primitivo José Centeno
Prometido Sureda
Protasio Sáez
Pura Fernández viuda de Carnero

Q
Querubino Campanella

R
R. P. Migdonio Tiburcio Rafael Puerto
Recadero Ernesto Vázquez
Regenciado Esquivel
Republicano Marino
República Pérez
Ricino López
Riego Buira
Roberto Luis Ovejas
Rodolfo A. Guerra (Brigadier mayor Retirado)
Rodolfo Hugo Mantecon
Roger Simon Felicisimo Redondo
Rosalía Traverso de Traversa
Rosalino Blanco
Rosaria Scivetti de Di Meo

S
Sábado Cavalcanti

Salvador Parlaparla
Sandalia Nadería Jurado de Lorenzo
Sanidad Tirro
Semen Palatnik
Senaido Martínez
Séptimo Ruggiero
Silfo Gramajo
Sincero Lombardi
Solidario Fueyo
Sotero Ceniceros
Sombra Rojo
Stella Maris Pan de Rey
Susana Becchio de Acero
Susano Antos Flores
Syria Poleti

T
Tardio Vallejos
Taxis Contogeorgis
Toscano Visentini
Transfiguración Juarez viuda de Caldara

V
Venerio J. Folco
Venido Mateu
Venus Persano de Rossi
Vibrante Gasco Ortega
Vicente Garrote Sastre
Violando Bienelli
Vitelmo Arcadio Carbajal

Volpino Cortez

Y

Yoliván Biglieri

El rey y yo

Leí a Stephen King por primera vez cuando tenía unos 11 o 12 años y empecé a lo grande: *Cementerio de animales* quizás una de las novelas de terror más perturbadoras que hayan caído en mis manos. No recuerdo por qué pero en 1996 estuvo brevemente de moda en la Argentina y un compañero de escuela primaria me insistió en que la leyera.

Luego pasé por otras de sus novelas: *Misery* que me enloqueció de fanatismo, *La zona muerta*, *El resplandor* en una edición de bolsillo con el Jack Nicholson de la película en la tapa aunque ni sabía que existía una adaptación y no la vería hasta unos quince años más tarde; *Las cuatro estaciones; IT* que no logré terminar; *La milla verde* en una colección de varias entregas que vendían en kioscos de revistas, algunas novelas menores (y decididamente malas) que firmó con seudónimo como *Despesperación* y por último recuerdo haber leído *Un saco de huesos* pero ya era una época en la que me acercaba a King con cierta desconfianza; la desconfianza del *snob* literario, del elitista cultural que se rehúsa a leer literatura popular.

En tercer año de la secundaria ya tenía decidido que mi camino iba por el lado de leer la mejor literatura y leí bastante de Franz Kafka y la rama francesa del existencialismo y luego a los *beatniks* estadounidenses. En ese ámbito de «alta literatura» un escritor popular que publicaba una novela (a veces dos) por año no podía tener un lugar. El tiempo es corto y uno tiene que acomodarlo de la mejor manera posible; no se puede leer todo lo que se quisiera y entonces uno tiene que priorizar. Y en mi ecuación la literatura masiva no era digna de ocupar el precioso espacio que los clásicos requerían.

Entonces abandoné a King y a casi todo escritor popular y me dediqué a la «alta literatura» y luego hice la carrera de Letras donde profundicé en ese tipo de snobismo literario.

Mi primer reencuentro con el Rey fue cuando estaba por terminar mi carrera de Letras: por alguna insistencia decidí leer *Mientras escribo* una crónica autobiográfica donde el escritor cuenta cómo comenzó a escribir y cómo logró hacer de esto su carrera al tiempo que nos relata una infancia bastante sufrida. Es sin lugar a dudas uno de los mejores libros sobre el arte y el oficio de escribir y uno de los mejores libros de toda la obra de King (al menos de la que leí).

Volví a recobrar algo de simpatía por King como quien vuelve a encontrar un juguete de cuando era niño: sí, muy bonito y muy antiguo. Sólo sirve para algún momento de nostalgia.

También vi la adaptación de Kubrick de *El resplandor* que tanto me había gustado de chico y sentí que la película no le hacía justicia a mi recuerdo de la lectura. Lo que más me desconcertó fue el final de la película en comparación con el final de la novela. Completamente opuestos. No soy el único que se decepcionó con los cambios, el propio King, se sabe, detesta esa adaptación.

Y entonces seguí sin darle demasiada relevancia a lo que hacía King (convengamos también que sus últimos libros no me resultaban particularmente interesantes y para sus primeros libros «no tenía tiempo») hasta que el año pasado (2013) compré en la hermosísima librería *Strand* de New York un ejemplar de su novelita pulp *Joyland*.

La felicidad de encontrarme con esa novela fue incomparable. Ya lo habré dicho, pero *Hard Case Crime*, con su tarea de restituir textos *pulp fiction* clásicos en nuevas y cuidadas ediciones y con unas cubiertas que le hacen muchísima justicia al género han realizado un trabajo fantástico en acercarme de nuevo a la literatura popular y espero que lo hayan hecho también para muchos otros lectores.

Joyland, una tierna historia de fantasmas y adolescentes, me devolvió las ganas de leer a King y por eso es que compré la primera novela *noir* de su vasta carrera, *Mr. Mercedes*, que estoy saboreando de a poco.

Pero como si fuera poco para restituirme el gusto por el maestro, en el último número de la edición argentina de la revista *Rolling Stone* se publicó una entrevista con él que es la traducción directa de una muy famosa que le hicieron hace unos meses en Estados Unidos (publicada originalmente en octubre de 2014).

La leí con interés y no pude sino sentir que cada palabra, cada definición que daba me acercaba más a su forma de pensar como lector y también como escritor.

Hay en la Literatura (y en otras artes, pero hablaré sólo de lo que conozco con profundidad) una tendencia a lamentarse por la caída de la calidad literaria
en favor de una literatura de mercado (como si la calidad literaria fuera algo completamente objetivo y no una construcción subjetiva a partir del gusto de los lectores).

Hay en muchísimos escritores también una defensa del «arte puro» que intenta despegarse de la *suciedad* del mercado. Esto es básicamente una cuestión elitista: ¿quién puede permitirse escribir sin pensar en vender su libro? ¿Quién puede darse ese lujo? Alguien que evidentemente tenga un respaldo económico que le permita darse semejante lujo. Porque las horas que alguien insume escribiendo son también un oficio ¿o no? podría estar usando esas horas en una forma de ganar dinero trabajando en otra cosa. Entonces, poder darse el lujo de escribir sin pensar en llegar a los lectores implica un retroceso a una época en la que el Arte no era autónomo sino que grandes benefactores llamados mecenas pagaban a los artistas para que hicieran el arte para ellos. Esto se terminó con la Modernidad, cuando los artistas y escritores que ahora se valorizan como grandes genios, en muchos casos escribieron para ganarse el pan.

En la entrevista que menciono, King dice claramente que todo eso le parece una porquería. Y no es que quiera compararme con él (que es claramente un faro, un ejemplo a seguir) pero no podría estar más de acuerdo. Reproduzco aquí algunos de estos conceptos que expresa con tan profunda claridad:

> *RS: Un montón de críticos fueron muy incisivos con ustedes al comienzo de su carrera.*
> SK: Al principio de mi carrera el *Village Voice* publicó una caricatura mía que todavía hoy me duele. (...) Era un dibujo en el que yo estaba comiendo dinero. (...) Sugería que si la ficción vendía bien, era mala. Si algo es accesible para la mayoría de la gente, tiene que ser estúpido, porque la mayoría de la gente es estúpida. Eso es elitista. Yo no estoy de acuerdo.
>
> *RS: Pero esa actitud persiste hasta hoy en día. El crítico literario Harold Bllom lo atacó con saña cuando usted ganó el National Book Award hace unos diez años.*

SK: Lo de Bloom nunca me molestó porque hay muchos críticos, y el es uno de ellos, que consideran su ignorancia sobre la cultura popular una señal de su calidad intelectual. Tal vez él pueda decir que Mark Twain es un gran escritor, pero no puede decir que hay una línea directa de, por ejemplo, Nathaniel Hawthorne a Jim Thomspon. Sólo piensa: «No los leo, pero sé que son malísismos.»

Más adelante en la entrevista le preguntan:

RS: ¿Piensa mucho en cuál será su legado?
SK: No, no mucho. Para empezar, está fuera de mi control. Hay dos cosas que pueden pasarle a un escritor cuando muere: o su obra sobrevive o es olvidada. Alguien encontrará un libro en una vieja caja y dirá: «¿Quién es este Irving Wallace?». No hay ninguna explicación. Pregúntele a un estudiante de secundario quién es Somerset Maugham. No saben. Escribió libros que en su momento fueron *best-sellers*. Pero ahora es un escritor olvidado, mientras que Agatha Christie nunca fue más popular. Pasa de generación en generación. No es tan buena escritora como Maugham y ciertamente no ha hecho más que tratar de entretener a la gente. Así que no sé qué va a pasar.

RS: Usted ha amenazado con retirarse varias veces, pero obviamente todavía no lo hizo. ¿Se imagina escribiendo hasta los 80 o incluso después?
SK: Sí. ¿Qué otra cosa puedo hacer? Quiero decir, hay que hacer algo para llenar el día. No puedo tocar mucho la guitarra ni ver más series por televisión. Esto me satisface. Hay dos cosas que me gustan de escribir: me hace feliz y hace feliz a otra gente.

King, con simpleza y sin soberbia (pese a que podría tenerla tranquilamente) conoce su lugar y está cómodo ahí. Escribir y leer literatura popular no tiene por qué pesar en la consciencia de las mentes civilizadas. El arte también es una forma de entretenimiento y si me preguntan a mí, creo que escribir lo mejor posible para un público lo más amplio posible es reconfortantemente democrático. Yo me amigué con Stephen King y con mucha literatura popular en los últimos años cuando pude sacarme el pesado lastre del esnobismo que se inculca en los ámbitos de la Academia y su pequeña industria especializada.

Al mismo tiempo, entendí que escribir literatura pensando en entretener a la mayor cantidad de lectores posibles al mismo tiempo que entregarles un producto lo mejor acabado posible, tampoco es una vergüenza.

La estructura trágica en *Game of Thrones* y *Breaking Bad*

Hace unas semanas comencé a trabajar la tragedia *Hamlet* de William Shakespeare con mis alumnos de cuarto año de escuela secundaria en Capital Federal. Estaba en medio de las tediosas explicaciones acerca de la estructura de la tragedia clásica y la tragedia isabelina (que no son iguales aunque compartan muchos puntos de contacto) cuando tuve una especie de epifanía al darme cuenta que podía tranquilamente explicar estas cuestiones recurriendo a formas textuales más contemporáneas: series de TV. En particular dos: *Breaking Bad* y *Game of Thrones* .

Ambas series permiten (y a mi gusto, deben) ser leídas como formas contemporáneas del relato trágico en su forma isabelina (el periodo de reinado de la Reina Isabel I y su sucesor Jacobo I). Tuve esta idea el otro día en clase, se lo mencioné a mis alumnos y seguimos con el trabajo en el aula. Hoy encontré que a raíz del episodio 9 de la quinta temporada de *Game of Thrones* que una crítica cultural estadounidense sostuvo exactamente esto mismo. El artículo *Don't Be So Shocked by the Deaths on Game of Thrones: The Show Is a Classical Tragedy* de Amanda Marcotte para Slate es correcto y hace énfasis en la comparación entre las diversas subtramas de *GoT* y las tragedias shakespereanas.

Me gustaría entonces profundizar la idea de que estas series se pueden leer como formas narrativas trágicas.

Vayamos por partes... antes que nada es necesario aclarar que el tipo de tragedia que estas series rememoran tienen más que ver con la tragedia de la época de Shakespeare que la de Sófocles. En primer lugar, estos dramas contemporáneos están repletos de personajes lo que es una condición del teatro isabelino pero fundamentalmente hay que señalar que mientras en la tragedia griega clásica el héroe comenzaba la obra condenado por los dioses y no había nada que pudiera hacer para escapar de su terrible sino (pensemos en Edipo que había huido de Corinto para evitar cumplir la profecía del oráculo que decía que mataría a su padre y se casaría con su madre porque creía que estos eran Pólibe y Mérope en vez de Layo y Yocasta, a quien mató y con quien se casó) en la tragedia isabelina la tragedia sobreviene al héroe como resultado de una serie de hechos, acciones, y decisiones que no vienen comandadas por los dioses.

El gran crítico Erich Auerbach señaló esta diferencia entre tragedia griega y tragedia isabelina, vale la pena leerlo para despejar las dudas y señalar las diferencias (algo que el artículo de Slate no hace):

> En la tragedia antigua podemos establecer, casi siempre, una limpia demarcación entre el destino y el carácter natural de los personajes sometidos a él. En

> los dramas isabelinos, tropezamos en la mayoría de los casos no con el carácter puramente natural, sino performado por el nacimiento, las condiciones de vida, la historia anterior (...); carácter en el cual el destino ya tuvo grandísima parte, antes de cobrar actualidad en la forma del concreto conflicto trágico, que a menudo es más que la ocasión en que se actualiza una tragedia incubada desde hace tiempo. Lo que sucede (al héroe trágico) le está predestinado por su carácter especial, y este carácter no es sólo natural, sino que ha sido moldeado por el nacimiento, la situación, la historia precedente, es decir, por el destino, en forma intransferible y que lo predispone a la tragedia que le aguarda.
> Auerbach, Erich: Mímesis, FCE, 2002, México. Página 300.

Hechas estas diferenciaciones vayamos ahora sí a lo que importa: ¿de qué modo podemos ver los hilos de la tragedia isabelina en *Breaking Bad* y *Game of Thrones*?

El teatro dramático de la época de Shakespeare podía tener una concepción distinta de la cantidad de personajes necesarios para una obra y de las razones por las cuáles un héroe terminaba sufriendo un destino trágico pero de todos modos conservaba las partes fundamentales de la tragedia como fueron especificadas por Aristóteles en su *Poética*.

Según el filósofo griego toda obra trágica está compuesta por cuatro partes bien definidas:

1) Hamartía o Error trágico
2) Anagnórisis
3) Peripeteia

4) Catársis

Vayamos una por una y señalando en qué momento de las obras referidas aparecen.

1) Hamartía o error trágico

Según Aristóteles este dispositivo narrativo consistía en que el héroe cometía un error que sería lo que en última instancia terminará condenándolo a la tragedia. Principalmente es un error de juicio que puede surgir de la ignorancia o por debilidad moral. En su *Poética*, Aristóteles sostiene que el héroe trágico tiene que ser un hombre a quien la tragedia le sobreviene no a partir de sus vicios o porque es depravado (se buscaba en el teatro griego generar empatía con el héroe trágico en el público por lo que no debía ser este un hombre despreciable sino apenas una persona con pasiones humanas que llegada una situación cometiera un error de a la hora de juzgar lo que debía hacer) sino por culpa de algún error. Por eso es que lo llama "error trágico". Un ejemplo en el teatro clásico, nuevamente, es Edipo quien mata a su padre Layo por impulso y se casa con su madre Yocasta porque ignora que ella es su madre.

La *Hamartía* está muy relacionada con la *Hybris* que es un concepto que designa la prepotencia y la soberbia de los héroes que los lleva a humillar al enemigo vencido o desconocer las leyes divinas que rigen a los hombres. Por esta soberbia desmedida los héroes son castigados por los dioses.

¿Dónde podemos ver esto en *Game of Thrones*? Lo interesante de *GoT* es que al tener tantos personajes son varias las tragedias que se cuentan. De todos modos, es sabido que de todas las familias de Westeros la que sufre de un mayor número de héroes trágicos es la Stark.

Esto está muy bien explicado en el artículo de Slate antes citado: Ned Stark comete su error trágico al confrontar a Cersei con el descubrimiento que había hecho acerca de que Joffrey no era hijo de Robert Baratheon sino fruto del incesto con Jaime y amenazándola para que abandone el reino; sigue en la senda del error al confiar en Littlefinger para que lo apoye en su plan y por fin al rechazar la propuesta de Renly para iniciar un golpe de estado antes que sea demasiado tarde. Es decir, que su error trágico podría condensarse en la honestidad y el exceso de confianza. Como sabemos esto lo lleva a ser traicionado y decapitado por el nuevo rey.

Su hijo Robb Stark comete un error trágico muy clásico: en vez de respetar el pacto que había realizado con Walder Frey de casarse con una de sus hijas decide casarse por amor (con Jeyne Westerling en los libros y con Talisa en la serie). Así comete el error de criterio que terminará condenándolo a morir junto con la causa del Norte en la Boda Roja.

En el caso de *Breaking Bad* tenemos un Walter White que comete varios errores trágicos relacionados esencialmente con su *hybris*, su soberbia desemdida, a lo largo de su carrera criminal que se acumulan (matar a los matones de Gus, dejar morir a la novia de Jesse, envenenar al hijo de la nueva novia de Jesse...) hasta llegar a su último error, el que lo termina condenando, por supuesto es el de dejar el libro de Walt Whitman dedicado por Gale Boeticher en el baño de su casa para que lo encuentre Hank y así desencadene el final de su imperio criminal.

Pero también Walter tiene su momento de *hybris*, de soberbia desmedida que dijimos está muy ligada con la *hamartía*, en el famoso diálogo que tiene con Skyler cuando le dice «Yo soy el peligro».

2) Anagnórisis

La *anagnórisis* es el momento exacto en el que el héroe se da cuenta de que ha cometido un error trágico e idealmente coincide con el siguiente paso, la *peripeteia* que es cuando la suerte cambia para el héroe. Volvamos a Ned Stark: cuando se aparece en la sala del trono ocupado ya por Joffrey Baratheon y presenta la última voluntad firmada por el rey Robert donde señala que es instituido como protector del reino. Cersei rompe la carta y Ned es traicionado por Littlefinger. La escena es de un dramatismo impresionante y podemos ver en el rostro de Ned el momento exacto en el que se da cuenta que cometió un error mortal.

Cuando finalmente Littlefinger le coloca a Ned Stark una daga en el cuello tenemos el momento exacto de *anagnórisis*. Vayamos ahora a su infortunado hijo: el momento de su *anagnórisis* es cuando durante el banquete de los Frey se cierran las puertas y empiezan a sonar los acordes de la canción *Rains of Castemere*, un himno triunfal de la enemiga casa Lannister. Esa es la advertencia, el momento en el que Robb y su madre se dan cuenta de que el error trágico ha sido cometido y ahora no hay escapatoria. La expresión en el rostro de Catelyn Stark es el momento perfecto de *anagnórisis*. Ella se da cuenta inmediatamente de lo terrible que se acerca.

En *Breaking Bad* también hay un momento terrible de *anagnórisis* (este momento no puede no ser terrible en ninguna tragedia porque representa el dolor máximo del héroe trágico) cuando Walter en medio del desierto ve como matan a su cuñado y amigo Hank. El dolor de la realización es tan grande que cae al piso derrotado.

3) Peripeteia

Este momento de la tragedia se sucede idealmente después de la *anagnórisis*, es el «cambio de fortuna» o «la caída» (que como vimos recién está perfectamente metaforizada en Walter White cayendo literalmente a la arena del desierto). El héroe pasa de ser afortunado, de haber logrado siempre lo que se propuso a tener que pagar por su error trágico.

Siguiendo con *Breaking Bad*, tenemos la caída de Walter teniendo que exiliarse en medio de la montaña, abandonando a su familia, perseguido y desacreditado y odiado por todos. Casi como el exilio de Edipo (en *Edipo en Colono* luego de arrancarse los ojos y tener su momento de *anagnorisis*).

Como dije, este momento está idealmente pegado a la *anagnórisis* por lo que tanto el arresto de Ned Stark como la muerte de su hijo Robb que se siguen a los momentos ya retratados son perfectos ejemplos de esta parte de la tragedia.

4) Catársis

Este último paso de la tragedia es un concepto muy discutido entre los intérpretes de la obra de Aristóteles pero la explicación más aceptada indica que la Tragedia, además de generar sentimientos poderosos en el público espectador debe cumplir con una función terapeútica que le permita a este expurgar las tensiones que ha venido acumulando al contemplar la historia trágica. Luego de la tormenta o clímax sobreviene una sensación de calma y de liberación. Esto tiene que ver con que en el teatro antiguo griego los espectadores ya conocían las historias antes de verlas representadas (el concepto de *spoiler* no tenía ningún sentido para ellos) y por lo tanto lo que se buscaba no era la sorpresa del argumento sino las sensaciones de empatía con el héroe que llevaban por todos los estados emocionales hasta el final calmo que liberaba la acumulación de tensiones que la tragedia había construido.

Esto a mi criterio se ve perfectamente en la estructura de *Game of Thrones* como serie: es ya sabido que en el anteúltimo capítulo de cada temporada ocurre algo tremendo, el *summum* de las tensiones y luego el último es mucho más tranquilo y apacible, permitiendo así la liberación de las tensiones de los espectadores.

Repasemos los hechos más dramáticos y trágicos de los anteúltimos episodios de cada temporada:

Temporada 1 – Epsiodio 9: Decapitamiento de Ned Stark.

Temporada 2 – Episodio 9: Batalla de Blackwater (quizás la suma de tensiones más «floja» de todas).

Temporada 3 – Episodio 9: Boda roja.

Temporada 4 – Episodio 9: Ataque al Muro y muerte de Ygritte.

Temporada 5 – Episodio 9: la quema de Shireen por orden de su padre Stannis Baratheon.

Temporada 6 – Episodio 9: La batalla de los bastardos.

Temporada 7 – Episodio 6: Termina con el Night King resucitando al dragón Viserion lo que le da al ejército de la oscuridad una poderosísima arma.

Temporada 8 – Episodio 6: La batalla de King's Landing donde Daenerys termina de convertirse en villana.

En cambio los últimos episodios si bien tienen al final su correspondiente *cliffhanger* para mantenernos expectantes hasta la próxima temporada, no poseen un nivel de dramatismo similar ni por lejos. Más bien es todo mucho más relajado para permitir que el público purgue el pico dramático con el que nos dejaron en el anteúltimo episodio. Esto se ve particularmente claro en el anticlmático final de serie en el episodio 7 de la octava temporada.

Por último, la catársis en Walter White es bastante menos impactante porque es también mucho más esperada: desde el primer episodio sabíamos que Walter estaba condenado a morir y la última escena le da una dulce muerte que nos permite despedirnos de él.

Entrevistas

El mito de los carteles del narcotráfico mexicano

Esta entrevista se la realicé a Oswaldo Zavala en 20 de septiembre de 2019 en Toronto, Canadá.

—¿Qué significa que "los cárteles no existen"?

Cuando yo digo que los cárteles no existen estoy proponiendo una crítica antetodo primero al lenguaje, al concepto de cártel y estas prácticas de representación que utiliza el gobierno de México y el gobierno de los Estados Unidos para significar el campo del crimen organizado. Y a partir de esta crítica que hago del lenguaje pues se sigue que hago una crítica a la manera en que se capitaliza ese lenguaje para guiar la política pública de seguridad nacional. En el nivel del lenguaje, los cárteles no existen porque la idea de cártel es un concepto apropiado del campo de la economía para dar la ilusión de que los traficantes operan en esa franca asociación delictiva que puede transgredir los límites del Estado e incluso proponer esta economía trasnacional y violenta, organizada para concertar y manipular los precios de la droga a nivel global. Y eso no existe por varias razones. Primero porque la palabra "cártel" fue importada por las propias autoridades que después juzgaron a los traficantes en Colombia y en México. Pero el problema principal de esta denominación es que no describe lo que probablemente sea una realidad más precarizada, es decir, los traficantes, lejos de formar un cártel son pequeñas pandillas que gozan de una autonomía muy relativa con respecto al poder oficial y que tienen un rango de actividad muy corto. Es decir, generalmente sí consiguen mover cierta droga, moverse alrededor de un espacio de criminalidad pero de ninguna manera logran asociarse para construir y manipular un producto a nivel global. Y eso es lo que la palabra "cártel" significa: diferentes productores se asocian horizontalmente para manipular el precio de ese producto. El cártel más famoso es el cártel del petróleo, el cártel de la OPEP. Trasladado al campo del crimen organizado, la palabra cártel es una antinomia porque estos grupos se nos describen no como grupos que colaboran para manipular la cocaína, la marihuana o las meta anfetaminas sino que se hacen la guerra entre sí. Esa es la narrativa oficial de la palabra cártel y entonces es inapropiada para describir lo que sucede. Pero lo más importante es que con la palabra cártel se construye una narrativa desde el discurso oficial que exagera el poder de estos traficantes, exagera sus alcances, y que termina justificando el aparato de seguridad que luego se organiza para subsumirlos. Es importante entender que el concepto "cártel" es de origen oficial y no tiene un referente directo, no existe en la realidad y que en su lugar pues tenemos que pensar no en la realidad de los traficantes sino en la realidad del discurso oficial y de la política pública que nos lleva a pensar de ese modo y que a cambio de ese discurso nos ofrece esta militarización violenta y la presencia de las fuerzas armadas en diferentes zonas del país. Entonces, respondiendo la pregunta, los cárteles no existen, sí existe el tráfico de drogas pero no de ese tamaño. Sí existe la violencia pero la violencia no está asociada directamente con los traficantes sino que la mayoría de la violencia, y acá hay mucho trabajo académico hecho al respecto, se establece en una correlación directa con la presencia de la militarización. Hay más de un trabajo serio ya estadístico y pensando en las cifras oficiales que demuestran claramente que el alza de la violencia en México que sufrimos a partir de 2007 está directamente relacionada con el esfuerzo de militarización en el país. Entonces, no sólo no hay cárteles sino que tampoco hay guerras de cárteles porque los cárteles no están realmente ahí. Lo que tenemos es la violenta estrategia de militarización, de ocupación del territorio. Y esa ocupación se lleva a cabo por otros fines que no son los del combate al narcotráfico.

—¿Entonces a qué te referís con esa ocupación del territorio que mencionás si no sería para "controlar la plaza" como dice la literatura periodística y oficial?
Hay varias posibilidades de respuesta, creo que se va reacondicionando dependiendo del contexto al que nos estamos refiriendo. También eso es parte del problema del discurso oficial, que tendemos a simplificar la violencia y la aparición de estos grupos de traficantes y a pensarlos como un tipo de homogeneidad, como una especie de ente que se repite y se extrapola de un contexto a otro, de Tamaulipas a Chihuahua, de Chihuaha a Michoacán, etc. Siguiendo el trabajo de periodistas que han cuestionado este lenguaje tan bien como Dawn Paley, una primera respuesta aparece cuando se menciona extracción y narcotráfico. En muchas zonas, donde supuestamente los narcotraficantes operan, estos reinos, estos imperios de droga y tráfico están realmente al mismo tiempo en procesos de extracción ocurriendo. Lugares como Tamaulipas donde hay un enorme yacimiento de gas nat-

ural, Chihuahua también, Guerrero donde hay un complejo minero importantísimo, los problemas de agua y de recursos naturales que suscita Baja California Sur por ejemplo, la tala de árboles en la sierra de Chihuahua, cada uno de esos contextos, que son distintos entre sí y que obedecen a grupos políticos, a inercias políticas más largas, están en el centro, en el foco de atención de la militarización. En el caso más significativo, más recurrente, el que más rápido explica la situación es Tamaulipas donde hay un yacimiento de gas natural importantísimo, gas shale que es un enorme commodity en el mercado global de energéticos, la violencia permitió despoblar múltiples ejidos que de otro modo habrían entorpecido la construcción de gaseoductos, todos esos años de Calderón y de Peña Nieto se emitió un gasto público enorme para construir gaseoductos en las reservas de gas y que van de toda la frontera hasta el Pacífico. Por otro lado, pues la resistencia de activistas ambientalistas, etc. La militarización pues fue clave para suspender ese reclamo social que ya lo hemos visto en otros contextos donde hubo guerras contra narcos, por ejemplo el del Alaska Pipeline, el oleoducto de Alaska que cuando se intentó construir inicialmente se encontraron con una enorme resistencia trasnacional, muchos agentes y activistas, actores de televisión llegaron a sumarse a la resistencia. En Tamaulipas no ocurre eso porque la narrativa del narco está disuadiendo a la opinión pública al respecto. Lo que dicen en cambio es pues que allí hay narcotraficantes que tienen un control territorial soberano y eso dificulta el trabajo periodístico, el trabajo derechohumanista y ciertamente el trabajo policial en sentido estricto. Para un policía con buenas intenciones es muy difícil penetrar el espacio de Tamaulipas porque ya la entrada está rodeado de esta aura de soberanía narco. Entonces tenemos que pensar que la narrativa de la lucha contra el narco es una narrativa muy efectiva para construir consensos simbólicos alrededor de objetos que no están ahí y para borrar la inclusión de otros procesos que están ocurriendo. Entonces, la extracción es sin duda uno de los motivos del discurso oficial de la lucha contra el narco. Otra de las ventajas del discurso oficial sobre el narco es que permite la coerción entre grupos políticos. Mucho de lo que logró Calderón en estos años fue desmantelar la lógica mafiosa de los gobiernos priístas en algunos Estados que no cooperaban con la derecha en el poder. En el caso de Chihuahua fue muy notable: tenía una gobernatura controlada por el PRI desde hace una década y con esa gobernatura se construyó una pax mafiosa desde la policía estatal que ahora entendemos mejor, regenteaba mucho de las actividades clandestinas de las ciudades grandes como Ciudad Juárez o Chihuahua. Entonces cuando comienza esta guerra contra el narco lo que tenías es que la policía estatal del estado era la verdadera coordinadora de las pandillas de los robacoches, extorsionadores, de la trata, del narcomenudeo, etc. Y cuando el ejército empieza su ocupación del estado la guerra, si es que hay tal cosa, es entre esos dos polos, entre la construcción mafiosa del estado de Chihuahua y su policía estatal y la fuerza federal que vino a ocupar el estado.

—¿**Eso es lo que sucedió con el grupo de los Zetas?**

Los Zetas eran una fuerza especial del ejército diseñada para combatir el narcotráfico y que se escindió, se separó y construyó su propia asociación. Así es el relato oficial. Sin embargo, cuando ves cómo actúan los Zetas, a favor de los proyectos extractivos del gobierno federal y apoyando a las oligarquías locales se puede pensar en ellos como un grupo paramilitar que hace mucho del trabajo violento que después viene a normalizar la presencia legitimada del ejército. Es decir, los Zetas como un tipo de avanzada paramilitar y el ejército se ocupa después, una vez que ya se ha despoblado o se ha sometido a la población resistente. En el caso de Chihuahua lo que se vio fue más bien parecido a un tipo de guerra civil en el que el ejército federal vino a ocupar a un Estado que estaba en total posesión del territorio estatal. Digamos que Chihuahua y muchos de los estados priístas se han convertido como en pequeños principados de corrupción y autosuficiencia donde el gobierno federal no tenía gran injerencia.

—¿Cómo se pueden pensar los feminicidios de Ciudad Juárez, en el estado de Chihuahua, en este contexto? ¿Jugó algún tipo de rol en la construcción del relato de la necesidad de ocupar ese territorio militarmente o fue una coincidencia?

Yo creo que posiblemente fue una combinación de coincidencia de ambas cosas. Una apropiación del fenómeno con fines políticos pero también un fenómeno que se dio producto, me parece, de la lógica neoliberal en ciudades fronterizas como Ciudad Juárez. Hay que recordar que el neoliberalismo en Juárez tiene una historia más profunda. A diferencia del resto del país donde el neoliberalismo empezó a verse con mayor claridad a partir de los años 80s cuando empezaron las privatizaciones, cuando empezó a verse más clara la voluntad estadounidense de reducir el gasto público en Salud y del Estado de Bienestar para privatizar y construir este nuevo aparato de seguridad, en Ciudad Juárez ya habíamos tenido la oleada de maquiladoras, la oleada de los incentivos de producción del mercado trasnacional de objetos y que avanzó en esos primeros momentos del flujo de capitales a través de fronteras. Precisamente porque esa lógica neoliberal reordenó lo social es que empezamos a tener un sector largo de la población que dependía de trabajos precarizados y muy mal pagados, sin muchos derechos laborales y que atrajo a una población migrante fuerte que terminó flotante en la ciudad en zonas despobladas o vulnerables para el delito común. Cuando llegamos a los 90s y esa economía empieza a entrar en crisis con las plantas maquiladoras ya empiezan a irse a Asia y empieza a haber un desempleo mayor y los sujetos migrantes siguen avanzando porque se agrava la crisis en todo el continente, mucha de esa población flotante quedó aún más vulnerable al delito común. Entonces, los asesinatos de mujeres, la violencia de género, y la violencia en general repuntaron en lugares como Juárez en los años 90. Es cierto que es un problema muy preocupante el de la violencia de género, sin embargo, hay una parte del discurso oficial que vino a aprovechar la oportunidad cuando el activismo que se generó, con razón, alrededor del feminicidio en los 90s y que empezó a visualizar a Ciudad Juárez como el primer síntoma de un país en crisis, de crisis del proyecto de Nación, del proyecto de modernidad. El discurso neoliberal comenzó a manifestarse en la manera en que percibimos, que empezamos a percibir esa violencia de género. Juárez empezó a aparecer como el resultado de un país vulnerado. Se empezó a ver el feminicidio como el resultado de grupos criminales que habían penetrado las altas esferas del gobierno estatal, se hablaba de rituales, de narcotraficantes que utilizaban a las jovencitas, de las víctimas como mulas, como por ejemplo la película *María llena eres de gracia* que es muy sintomática de esa imaginación. No quiero decir que esas cosas no pasaban sino que se significaban alrededor de esta lógica securitaria. Entonces cuando en los 90s también se empieza a hablar del narcotráfico como una amenaza de seguridad se empieza a mencionar justo al Cártel de Juárez, el primer cártel que en el imaginario mexicano aparece significado como cártel que amenaza la seguridad nacional. Tanto el cártel como el feminicidio coinciden cronológicamente. A lo mejor coinciden en el sentido que el fenómeno es real pero su coincidencia y su significación ya se incorpora a un orden de la lógica de seguridad nacional que ya no depende de esos asesinatos. Por eso crece nuestra percepción de ese fenómeno al grado de mitificarse gravemente varios de los productos culturales que vinieron después. Como por ejemplo una película de Jennifer Lopez (Bordertown, 2006), donde las jovencitas, todas guapas, del sur, que trabajan en las maquiladoras aparecen como una crítica al proyecto capitalista mexicano pero también como un componente cultural racializado del México machista, misógino, que termina justificando la visión de México como un Estado fallido.

De todo esto se sigue pues un México confundido, consternado por esta violencia, una década después, la adopción de la militarización como respuesta.

—¿Hasta qué punto las producciones culturales que tratan el tema del narco contribuyen a la construcción de la realidad y hasta qué punto surgen como reflejo de la realidad?

Creo que ambas cosas. Creo que mucha de la producción novelística en torno al narco y del periodismo sobre el narco fue profundamente mediada por el discurso oficial. Es el resultado de una imaginación que primero ofreció una explicación que venía del gobierno. Sobretodo a partir de mediados de los 90s cuando empezó a circular esa idea de que el traficante de verdad era una amenaza y que su violencia podía convertir al país en un "país de fosas" como ahora se le llama. "México es un país de fosas clandestinas". El discurso literario trabajó variaciones de ese imaginario pero también es cierto que al momento de su consumo, su lectura, de ser interiorizado, fue incorporado a un habitus colectivo que confunde esa percepción con la realidad. De modo que ha terminado performatizado de modos extra literarios. Por ejemplo cuando el Chapo fue detenido, hubo quienes marcharon para reclamar su liberación o incluso se veían pancartas de mujeres que le pedían "Chapo hazme un hijo". Es decir, una pasión por lo real, un tipo de performance espontánea del discurso oficial que va también permeado por ese mito, mitad mito, mitad basado en pequeños momentos de realidad donde los traficantes construyen escuelas y casas y hospitales y por momentos parecieran suplir la función del Estado en los lugares más empobrecidos y desprovistos resultado de las políticas neoliberales. Y que entonces justifica esa performance incluso para los propios traficantes. Hay un momento que a mi me parece muy irónico y muy interesante cuando el Chapo conoce a Kate del Castillo, la actriz que protagonizó *La reina del sur*, la telenovela basada en la novela de Pérez-Reverte. Cuando el Chapo la conoce en buena medida lo que está ocurriendo es que tanto ella como él en realidad están operando fielmente dentro del discurso oficial que los reúne.

—**Es decir que actuaron el rol que les han asignado.**
Sí, y performatizaron el deseo de ese discurso porque finalmente Kate del Castillo cree que va a conocer al mayor traficante de la historia de México y el Chapo cree que va a conocer a quien simboliza a la Reina del sur, la traficante mitológica más importante en la historia de las producciones culturales mexicanas. Esa telenovela tuvo un enorme impacto que a veces no se cuantifica. Fue muy vista en México y en los Estados Unidos. El final de la serie tuvo mayor rating que todas las televisoras en inglés juntas. Entonces tuvo un gran impacto, una gran incidencia en el colectivo. Claro que también tuvo un gran impacto en el traficante mismo. Mucho de lo que se habló esa noche del encuentro fue cómo asegurar que el Chapo apoyara y estuviera de acuerdo en hacer una película sobre su vida. El Chapo finalmente lo que quería era consolidar su propio mito, el mito que el mismo sabía falso pero que podía asistir a nivel discursivo. Entonces es interesante pensar que finalmente lo que los reune es una inercia de discurso, una forma de representación y ellos en realidad no se observan a sí mismos sino a esas representaciones.

—La otra pregunta que va a asociada a esto es ¿por qué crees que la literatura del narco debería ser más realista o representar mejor esta realidad? Vos sos muy crítico de estas representaciones y en algún punto se puede argumentar que son obras literarias y no tienen por qué representar auténticamente lo que es el narco o tener un compromiso con la realidad, son ficciones.

Yo no pido en mi trabajo una reformulación de la ficción hacia un género más realista, a una aproximación realista de estos discursos. Lo que guía mi crítica es comprender que en realidad todas estas producciones literarias o culturales, también las fílmicas, etc. No es una cuestión de género sino una cuestión de distancia de archivos y de la relación crítica que tienen con los archivos o las enciclopedias a las que se refieren, a los presentes simbólicos que incorporan. Tú puedes tener una novela ultra realista como las novelas de Élmer Mendoza o novelas estilizadas como las de Yuri Herrera que tienen un tono mucho más fabulado, incluso cierto neobarroco muy logrado o puedes tener parodias deliberadas como *Salvando al soldado Pérez* (film de Beto Gómez del 2011) pero lo interesante ahí no es ver quién está realmente jugando con lo real porque lo real no está en juego sino cuál es la actitud crítica que incorpora el creador antes estos discursos de poder. Entonces el primer punto que yo señalo es que el creador generalmente, el narrador o el cineasta o el escritor de guiones no tiene una conciencia de que mucho del imaginario que están barajando en estas obras no son representaciones de lo real sino derivas de un discurso oficial. Este es el primer problema: no hay una conciencia crítica de que el imaginario que están utilizando al plantear un traficante, un cártel o tal o cual grupo, no es de origen propio ni es un acto original de invención sino que es una repetición, es la reinscripción de una forma de imaginación hegemónica que tiene un largo origen oficial del cual ellos no son conscientes. Entonces no importa que hagas después con eso una novela realista o una novela fantástica. Bernardo Fernández BEF, por ejemplo, ha hecho lo suyo con la novela del narcotráfico, Heriberto Yépez hizo también una novela sobre traficantes y no importa que las suyas no sean novelas decididamente realistas, están igualmente atravesadas por el discurso oficial que las novelas realistas de Élmer Mendoza. El problema no es el género, el problema es la falta de posicionamiento crítico ante la hegemonía, ante los discursos hegemónicos. Y esa posición crítica no existe porque no hay consciencia de que hay una hegemonía discursiva al respecto. Piensa que también en la cadena de mediación que pone el discurso oficial la clase creadora está en la posición más vulnerable porque es la que recibe estos discursos cuando ya han sido totalmente legitimados por las esferas políticas. Es decir, yo pienso esta cadena en tres niveles. Está primero el espacio oficial desde donde se enuncia, luego está el segundo punto que es el más importante y es el espacio de legitimación que es el periodismo, el periodismo cuando incorpora esto al relato periodístico. Toma el discurso oficial y lo convierte en algo concreto y finalmente a partir de ahí, este público que consume no solamente el que lee la noticia sino la clase creadora misma que también consume esas noticias para entender, para tener un punto de partida para sus creaciones. Dicho de otro modo, el novelista, el músico, el cineasta tienen una posición políticamente muy pobre y muy precarizada intelectualmente ante estos discursos de poder. Por eso es la más mediada y la más profundamente afectada y por eso también, muchas de estas novelas, independientemente del género se parecen todas entre sí. Reproducen la misma premisa: el traficante es un ente radicalmente exterior, que puede someter al Estado. Por eso las novelas de Yuri Herrera que son estilizadas y líricas, las de Élmer Mendoza que son más realistas sucias, Orfa Alarcón que es un tipo de coming of age, juvenil o las distópicas de Heriberto Yépez, todas se parecen. Porque finalmente están interiorizando la misma premisa epistémica de su entendimiento de ese mundo.

—Al mismo tiempo hay ciertos narradores como Roberto Bolaño, Juan Villoro, López Cuadras que te interesan. ¿Qué es lo que encontrás en esos narradores que te interesa acerca de la forma en la que narran al narco?

Lo que quizás unifica mi lectura de estos narradores que me interesan es que en cada una de estas intervenciones hay un gesto crítico del acto de representación mismo. Hay un momento en el que el autor no solamente piensa que hay algo sospechoso en el discurso sobre el narcotráfico y la manera en la que pensamos el narcotráfico sino que lo problematiza dentro de la obra misma. Es decir, hacen que la obra en vez de performatizar al narco performatiza el problema de la performatización. Hay un gesto metacrítico o metarepresentacional donde los personajes son conscientes del problema de representación que hay alrededor del narcotráfico. Yo tuve esa primer intiuición leyendo a Bolaño. En *2666* hay un momento muy importante donde está un policía conversando y observando a una pareja que está escuchando música. La pareja está de espaldas entonces no pueden verle el rostro y empieza el policía, mientras conversa, a fijarse en la curiosa escena porque la pareja es claramente un tipo que se ve con dinero, con traje, la mujer se ve guapa, pero no les puede ver el rostro y sólo los ve por atrás y los músicos se ven claramente aterrados, afectados por la presencia de este hombre. Este hombre les hace señales y ellos tocan más rápido o más lento, se detienen, están dominados por su presencia. Entonces, lo primero que piensa el policía es "este tipo es un narco". Pero ¿cómo un narco si no lo puede ver? No puede entender quién es, no puede saber si es un narco en realidad, le inspira algún tipo de nobleza, de alta sociedad, pero no puede nombrar su origen muy bien. Entonces, es muy interesante porque no puede observarlo, no puede entenderlo, se rehúsa a llamarlo narco. Más adelante sí aparece un traficante, pero el traficante es un empresario, un tipo bastante conocido en Santa Teresa y además amigo íntimo, compadre, del jefe de la policía y que se conduce como una persona proba en sociedad. De hecho cuando se sabe después que él es un narcotraficante, su guardia personal, pistolero se sorprende. Él mismo no lo sabía. Lo interesante de la intuición de Bolaño ahí es que el rostro que no podemos ver, un novelista menos crítico lo significa como un narco. Y el narco que sí puedes ver no, y resulta que ese es el rostro del narco. A pesar de que nadie está del todo consciente de eso. Entonces hay un problema de representación que claramente Bolaño intuye y que se rehusa a aceptar los términos de la hegemonía. Finalmente Bolaño era un escritor disruptivo, que bregaba siempre en contra de las tendencias literarias. Se rehusó entonces a participar de ese género tan redituable de la narcoliteratura. Digamos que eso, de otros modos, también ocurre en la literatura que yo considero que adopta un gesto más crítico.

—En este momento en la Argentina la Ministra de Seguridad tiene una posición de extrema dureza con el tema del narcotráfico y se la pasa haciendo performances con el tema: muestra en su cuenta de Twitter supuestos decomisos de droga que terminan siendo por ejemplo dos plantas de marihuana. Invita a quemas públicas de ladrillos de cocaína. El partido del que es miembro denuncia fraude electoral narco, la gobernadora de la provincia más improtante del país, que también es del partido de gobierno, no vive en la casa de la gobernación sino en una base militar porque alega que fue amenazada por narcos. La pregunta es ¿hasta qué punto crees que esta discursividad apuntala la posi-

bilidad de que el tema narco en la Argentina se dispare para el lado que se dio en México?

No podemos pasar por alto que esta narrativa no es propiamente mexicana. Pareciera que lo es pero es una narrativa estadounidense, una narrativa que responde directamente a la lógica de la racionalidad securitaria que inauguró Estados Unidos en 1947. Esa racionalidad securitaria siempre ha tenido el mismo efecto globalizante. Lo tuvimos durante los años de la Guerra Fría con el comunismo como el enemigo. El comunismo aparecía en todas partes: aparecía en Nicaragua, aparecía en suramérica, estaba en México, en todos lados. Los soviéticos estaban en Afghanistán, en la República Checa, la amenaza comunista era una amenaza extrapolable, global, perniciosa. Cuando el signficante global que unificaba esa amenaza, la Unión Soviética, se disuelve los Estados Unidos inventan otro que es el narcotráfico. El narcotráfico no es del todo tan perfecto porque depende también de ciertas zonas de producción. En México y Colombia. Pero sí es extrapolable ahora, sobretodo en el mundo securitario que ha mirado al cártel como también interesado en otros delitos como la extorsión, el secuestro, etc. Los traficantes ya no sólo trafican sino que los narcos se ocupan de cosas "no-narcas". La palabra cártel ahora se utiliza para hablar de los ladrones de combustible en México, de los extorsionadores, de los tratantes de migrantes. Los traficantes no sólo se matan entre sí sino que secuestran y matan migrantes, matan niños. Hace poco vi una nota que salió en La Vanguardia de España de cómo ya hay "child soldiers" como en África, niños sicarios. Es la misma narrativa en general de este mundo globalizado securitario. No es ninguna sorpresa que aparezca también en el discurso oficial argentino. También lo está en el chileno, en el peruano, en el cubano, en el español, en Filipinas. Lo que hay es un discurso maleable y que como decíamos, como es un significante vacío, no tiene un contenido fijo, el contenido puede ser reciclado y readaptado a cualquier otra zona del globo. Piénsalo como una especie de McDonald's. Es decir, McDonald's aparece en Argentina y hace una hamburguesa con bife de chorizo y chimichurri y si aparece en Cuba pues le ponen ropa vieja y si se va a España servirán tapas y en Italia tendrá prosciutto. Todo eso va explicando mucho de la lógica neoliberal del discurso securitario. Es muy parecido a los significantes de capitalismo más tradicionales. El éxito de McDonald's es su capacidad de readaptarse porque finalmente la hamburguesa puede ser de lo que tu quieras que sea.

—**Ahora bien, si los cárteles no existen, ¿cuál es el sentido del sintagma "guerra contra las drogas"?**

Es parte del discurso. Cuando he dado clases para periodistas siempre les explico que un trabajo serio periodístico no puede asumir estas palabras como objetos reales. Siempre que yo uso la palabra cártel en un texto mío siempre aparece entre comillas. Al menos es lo que procuro hacer. Guerra contra las drogas igual. Ese es parte de un sintagma recibido que viene de esa discursividad, ese campo semántico y que porta ya consigo esa narrativa de seguridad nacional. Entonces un nombre más justo a esto es militarización, guerra de exterminio, incluso quizás la palabra "guerra" es problemática porque en una guerra tienes partes que se combaten entre sí hasta la aniquilación o el vencimiento de una de las dos partes. En el caso de la guerra contra el narco una de las partes atacadas no tiene esa capacidad de fuego. Los traficantes no son ni por asomo inconmensurable comparables con el ejército o la marina, entonces no tienes en realidad un bando otro que resiste la militarización. De hecho hay estudios muy serios y claros que muestran que el perfil medio de la víctima de las fuerzas armadas es un hombre de entre 18 y 25 años, pobre, sin educación, generalmente sin familia y sin empleo que habita las zonas más pobres de México. No es el traficante del jet-set, bien vestido, etc. Encima los estudios también muestran que las fuerzas armadas tienen un índice de letalidad extraordinario. El índice de letalidad, según las ciencias sociales, sobretodo la gente que estudia conflictos armados se define por el número de asesinatos y de heridos que surgen de un conflicto. Se hace una comparación, es decir si hay una escramuza o un choque entre fuerzas se determina cuántas personas son detenidas, cuantas quedan heridas y cuántas son asesinadas. El caso de las fuerzas armadas en México, el índice de letalidad era más o menos que de cada diez personas atacadas por el ejército, nueve eran asesinadas y una quedaba viva y cero bajas del lado oficial. Era un conflicto totalmente desigual donde las fuerzas armadas tenían un total dominio de la escaramuza. Entonces este trabajo que se hizo en el Centro de Investigación y Docencia Económicas (CIDE) por parte de especialistas en violencia, también se comparó incluso con el trabajo de las fuerzas armadas en Brasil. Sabemos que la policía brasileña es bastante fuerte y brutal en su combate a las drogas, sobretodo en las favelas, y lo que se encuentra es que el índice de letalidad mexicano es todavía más alto que el brasileño. Entonces es muy claro que no hay una tal guerra sino una militarización enfocada en la sociedad más pobre de México y en despojar, desapropiar los pocos recursos que detentan estas comunidades.

—**Has dicho que con la llegada al poder Andrés Manuelo López Obrador han habido avances y retrocesos. ¿Cuáles serían estos a tu entender?**

AMLO fue electo con un discurso de pacificación muy importante que proponía un giro político y material a esta mal llamada "guerra contra las drogas". Se pensaba en dos niveles: por una lado se propuso resignificar el tráfico y consumo de drogas como un problema de salud pública y con ello se acompañó de un discurso de amnistía para quellos que hubieran cometido delitos menores como por ejemplo portar drogas, formar parte de un grupo delictivo. Por otra parte se hizo un llamado crítico a la militarización misma. Propuso desmilitarizar el país. Entonces estos dos puntos, reconsiderar el narco, despenalizarlo, dejarlo de pensar como un problema de seguridad nacional y por otro lado desarticular la militarización fueron, me parece dos puntos en la dirección correcta. En efecto se han promovido y se han llevado más o menos a cabo. Sí ha habido una clara resignificación del narcotráfico como un problema no grave y ya se propuso la ley de amnistía y se creo la Guardia Nacional para gradualmente sustituir al ejército de las tareas de seguridad. Es decir, la Guardia Nacional si bien está constituida por elementos del ejército y la policía federal está emplazada a convertirse en una fuerza totalmente civil en cinco años. En cinco años si tu eres miembro de la Guardia Nacional y eres soldado del ejército debes renunciar formalmente al ejército o no puedes estar en la Guardia Nacional. Y el ejército activo ya no puede ocuparse de tareas de seguridad dentro de cinco años o menos ya. Entonces eso me pareció todo bienvenido y ha sido celebrado incluso por las partes más críticas del gobierno de AMLO pero como comentábamos, me parece que precisamente como el discurso de seguridad nacional es un discurso sin contenido fijo está peligrosamente readaptándose peligrosamente en dos direcciones. Primero esta llamada "guerra contra el huachicoleo" (nota: ladrones de combustible) que además curiosamente la empezaron a llamar así los medios de comunicación no el gobierno federal que se rehusó a utilizar la palabra "guerra". Pero la inercia de la "guerra contra el narco" llevó a muchos medios a llamarla de ese modo. Se ha construido este supuesto espacio nuevo de criminalidad donde grupos organizados instalan el robo y la venta ilegal de combustibles y se llaman a sí mismos cárteles y el gobierno también los reconoce como tales. Está el famoso Cártel de Santa Rosa de Lima que tiene su líder, su capo, con su consabido sobrenombre "El Marro", luego aparecen estas partes folcóricas, de esta supuesta cultura del Santo Niño Huachicolero. Por otro lado está la guerra o el espacio de guerra que ha empezado el presidente Donald Trump en contra de migrantes y que recientemente ha obligado al gobierno mexicano a utilizar la Guardia Nacional en las fronteras. Entonces hay un despliegue, parece que ya son treinta mil soldados en la frontera norte y sur para detener migrantes. Eso me preocupa mucho porque el migrante aparece aquí desposeído del sujeto político, el migrante no es una persona sino es una cosa, es una amenaza. En todo caso aparece como un ser sin agencia que es incapaz no solamente de hablar sino de intervenir políticamente en la discusión. Entones el gobierno de AMLO que es muy siniestro en este punto, habla de rescatar migrantes a la hora de detenerlos y ya no habla deportaciones sino de "actos de devolución". Entonces se devuelve al migrante a su casa para llevarlo a salvo. Eso me parecen usos del lenguaje que son extremadamente siniestros y son consecuentes con este giro de securitarismo que dio el gobierno de Donald Trump y que está resignificando ya no sólo la amenaza de seguridad en el rostro del traficante latinoamericano sino en el rostro del latinoamericano a secas. Tú no tienes que ser un traficante para ser un enemigo de la seguridad, basta con que seas una persona que viene de latinoamérica para ser enemigo de la seguridad nacional de los Estados Unidos. Entonces me parece que hay una depuración simbólica en la que el objeto de hostilidad construido por Estados Unidos ya es deliberadamente el Ser Humano. Y por supuesto, entran ahí todavía las narrativas de tráfico de drogas, del terrorismo, este falso "narco terrorismo" con el que se ha insistido desde los ataques del 11 de septiembre y claro el pandillero, el ilegal, etc. Pero me parece que hacia donde va este discurso, que es lo más grave, es a recodificar el hecho humano y el movimiento de migrantes como una amenaza en sí misma. Desafortunadamente el gobierno de López Obrador parece estar colaborando en esa decisión.

Una versión de esta entrevista fue originalmente publicada en el periódico *Correo Canadiense*.

Las ficciones institucionales mexicanas

Le realicé esta entrevista pública a Yuri Herrera el día 22 de mayo de 2019 en la biblioteca pública de Toronto (Toronto Public Library – Reference).

Esta es una desgrabación y traducción del inglés.

—Me gustaría comenzar nuestra conversación hablando de tu primera novela, *Trabajos del Reino*, que es considerada como una de las que dio el puntapié inicial para el género literario que se conoce como "narconovela". Me gustaría preguntarte cómo te sentís por el hecho de ser puesto bajo este género y si considerás que sirve como descripción justa para tu novela y otras más que también han son consideradas como emergentes de este género.

Esa es una novela que escribí cuando estaba viviendo en la frontera entre El Paso y Ciudad Juárez. Es un lugar que en determinado momento histórico era una sola ciudad y ahora son dos ciudades diferentes, solía llamarse Paso del Norte. Fui ahí a escribir una maestría que ya venía escribiendo hacía un largo tiempo. Cuando estuve ahí me comprometí con la cultura de la frontera de modo tal que se convirtió en uno de mis periodos más productivos a nivel intelectual en toda mi vida. La frontera, y en especial la frontera en ese lugar específico, siempre te está desafiando y haciéndote cuestionar tus preconcepciones acerca de identidad, lenguaje, tus ideas previas acerca de los estados nacionales. Es, siempre digo, como un laboratorio de nuevas formas lingüísticas, de nuevas prácticas políticas, de nuevas maneras de entender a estos dos países. Ser un ciudadano en la frontera, un "bordeño" que es como los llaman, es bastante diferente que ser simplemente mexicano o estadounidense. Entonces fue en este contexto que empecé a darle forma a lo que sería mi primera novela publicada, porque antes había escrito otra novela que nunca va a ser publicada porque es básicamente mala. Pero igual tengo que decir que esas novelas malas que uno escribe cuando cree que ya es un escritor pero realmente solo está aprendiendo a ser escritor, son muy importantes porque es cuando uno empieza a aprender acerca de sus límites, lo que trabaja para uno, y es cuando uno está empezando a entender el arte de la escritura, entonces volviendo, *Trabajos del Reino* fue la primera novela que publiqué. Lo que quise hacer con ella fue escribir una novela en la que poder hablar de la relación entre el Arte y el Poder. Tenía como modelo para esta relación la idea del artista que solía trabajar con reyes y reinas en Europa y siempre me pregunté ¿cómo hizo Velázquez? O ¿cómo hizo Bach? Teniendo que trabajar para todos estos productos del incesto, ignorantes que no tuvieron que trabajar un solo día de sus vidas. Al mismo tiempo, estos artistas lograron ser pensadores independientes, artistas originales y geniales. Entonces estas eran preguntas muy interesantes para mí. En general creo que la pregunta acerca de cómo los artistas y el poder o las instituciones del mercado y los artistas establecen relaciones es una pregunta muy importante. Entonces, no tenía pensado escribir una novela basada en la Europa del siglo XVII o XVIII porque lo que veía ahí era un estado ideal para lo que yo quería decir. Entonces lo que elegí como esta representación del poder fue a este tipo que es como un capo narco y como representación del artista un cantante que está escribiendo canciones para alabarlo. Entonces, no están basados en ninguna persona real. En cambio están basados en modelos de hombres poderosos y artistas. Más aun, debo decir que si hubiese encontrado un equivalente de ese tipo de hombre poderoso en la realidad, y lo digo sin intentar hacer un chiste, habría pensado que esa persona sería alguien como Donald Trump. Trump tiene la misma mentalidad de ese tipo de capo narco mexicano de los años 80s. Lo digo en serio. Son gente que piensa con sus *bolas*, no piensan con su cerebro, que aman poner sus nombres en letras doradas en todas partes y aman tener muebles recubiertos con pieles de animales. Es una estética determinada que en México la gente llama como "art narcó" pero que es más antiguo. Es esta especie de *kitsch*. En fin, este fue mi modelo entonces para crear esta novela. Para mí, esta no es una novela acerca de tráfico de drogas o narcoguerra, sino que el narcotráfico y la narcoguerra es el contexto que utilizo para hablar de algo que es anterior y más grande y que es la relación entre Poder y Arte. ¿Me siento justamente representado por este texto? No, pero eso no importa. Una vez que publicas un libro, este deja de ser tuyo y la gente puede hacer lo que quiera con ese libro, pueden leerlo desde cualquier perspectiva que sientan por lo que no me molesta.

—Al mismo tiempo, sos consciente de que el género de la "narconovela" es muy popular en la actualidad en México. Estaba pensando que es paradójico, porque por una parte es un género que vende libros, vende arte, hay muchos artistas que

reflexionan en su obra sobra el tema del narcotráfico, están las series de TV como "Narcos: México", ¿no te parece que estas manifestaciones literarias y artísticas del fenómeno del narcotráfico contribuyen de algún modo a una forma de retórica anti-mexicana? Pienso particularmente en algunos referentes políticos de los Estados Unidos. Por ejemplo, acabás de mencionar a Donald Trump y también dijiste que quizás tu novela propone una representación de capo narco que políticos como él utilizan en sus discursos públicos.

Estados Unidos nunca necesitó de pretextos para ser racista y violento contra México. Hay una larga, larga historia de linchamientos de mexicanos que ni siquiera está registrada, digo, está registrada pero no está registrada en la cultura popular. También hay una larga historia de secuestro de niños, no solo niños mexicanos sino a lo largo de la historia de los Estados Unidos. Lo que yo diría es que al menos mi novela, una de las cosas que intenta hacer es agregarle una capa de complejidad a estas cuestiones. La novela no es solamente una recreación de ciertos *clichés* de cómo entendemos la criminalidad. Antes de comenzar la entrevista pública estuvimos conversando acerca de cómo la novela *noir*, lo que entendemos ahora por novela *noir* y en particular la novela *noir* estadounidense, comenzó a volverse respetable. Esto fue gracias a la crítica francesa. Y los escritores de este género están diciendo algo muy interesante y es que no podés dividir a la sociedad simplemente entre buenos y malos; no es tan simple como la policía y los detectives representando el bien y los ladrones y asesinos representando el mal. Muchas veces la línea divisoria desaparece. En Latinoamérica, como sabes, esa línea divisoria nunca existió. Nunca hemos confiado en la policía del mismo modo en el que se confía en la policía en Norteamérica. Ese es uno de los motivos por los cuáles la novela *noir* es tan exitosa en nuestros países. A lo que quiero ir es a que una de las cosas que la literatura hace es disputarles a las ficciones institucionales. La literatura desafía las ficciones acerca del modo en el que la sociedad se organiza. Entonces, no puedo controlar si la gente que ya era racista usa alguno de mis libros. O para dar un ejemplo más, los políticos suelen utilizar el arte para justificar sus propios fracasos. Muchas veces en México ha habido políticos que intentaron prohibir los *narcocorridos*, estas canciones que hablan de temas del narco porque han dicho que dan "malas ideas" a los jóvenes. Es el argumento más estúpido. Piensan que un joven va a decir: "escuché una canción acerca de un tipo que hace mucho dinero entonces ahora voy a comprarme un arma y empezar a matar gente." Los criminales no se convierten en criminales sólo porque escucharon una canción. Y de nuevo, Donald Trump no se convirtió en malvado porque habrá escuchado un mixtape en los años 80s o lo que sea. Hubo toda otra serie de circunstancias que lo hicieron lo que es.

—Dado que mencionaste la novela *noir*, quisiera aprovechar para conversar un poco acerca de tu reciente prólogo para el clásico de la novela policíaca mexicana *El complot mongol* de Rafael Bernal. Asimismo, también escribiste recientemente el prólogo para *Narcoleaks* de Wilbert Torre. Mi pregunta entonces es si ves alguna forma de conexión entre la narrativa policíaca o *noir* mexicana clásica y las narrativas más recientes de narcos.

Esta novela, *El complot mongol*, que si no la han leído por favor háganlo, es una novela muy importante para ya varias generaciones de escritores. En su momento no fue leída por nadie; era acerca de este policía mexicano que se ve obligado a trabajar con un agente de la KGB y un agente de la CIA porque están intentando detener un posible atentado contra el presidente estadounidense que iba a visitar

México y es toda una reflexión acerca del poder de parte de este policía mexicano que es un asesino, que no tiene códigos morales, que es básicamente un matón. Y entonces este matón ve a sus colegas de la KGB y de la CIA y reflexiona "wow, estos tipos no tienen moral". Es realmente muy interesante, pero más allá de eso, una cosa que hizo esta novela por la literatura latinoamericana, del mismo modo que el *noir* hizo por la literatura estadounidense fue... no voy a decir que rompió cierto techo de cristal pero sí hizo más aparente que esta supuesta división entre baja y alta cultura era simplemente artificial. La novela demostró que se puede utilizar formas de lenguaje popular y plantear problemas vulgares para reflexionar acerca de problemas importantes. En ese sentido, sí, esta es una novela que nos enseñó una forma de hablar acerca de cuestiones que están ocurriendo. Entonces, quizás intentando volver desde esta pregunta a tu pregunta anterior, cuando la gente disputa cómo este tipo de escritura y en general este tipo de arte puede ser interpretado por el público o el Poder, siempre doy el ejemplo de esta novela. Piensen en la historia de un tipo que tiene sexo con su madre, asesina a su padre y luego se arranca los ojos. Es una historia que te deja por el piso y es al mismo tiempo uno de los monumentos más importantes de la cultura occidental. Entonces las formas de violencia incesante han sido una fuente para el arte de cada una de las sociedades. Es algo tan cercano que muchas veces la gente no lo puede ver. No puede ver que es arte verdadero y que habla de temas importantes.

—Es un punto interesante. Yo siempre pienso que cuando por ejemplo vemos películas como las de la saga *El padrino* simplemente aceptamos su violencia como parte de su integridad artística pero en cambio cuando hablamos de narconarrativas o narconovela surgen todas estas cuestiones como las que señalaste

en relación a los narcocorridos. Se dice por ejemplo que las narconovelas están siendo utilizadas como ejemplos a seguir por cierta gente y en cambio, de nuevo, cuando vemos por ejemplo *El padrino* nadie pensaría o diría que está planteándose como un ejemplo a seguir para nadie. ¿Será porque la historia de El padrino tiene ya treinta o cuarenta años de haber salido?

Sí, el tiempo les saca escándalo a las cosas.

—Como Edipo.

Sí.

—Vayamos un poco a tus otras novelas, *Señales que precederán al fin del mundo* y *La transmigración de los cuerpos*. Me interesa preguntarte respecto de esta sensación que hay en ambas novelas acerca de lo que podríamos llamar "el fin del mundo" o una distopía. Mi pregunta entonces es si hay algún motivo en particular por el cuál esta idea del final es compartida en ambas novelas y también, dado que en *Señales...* hay claras referencias a la mitología del México pre-colombino si también hay alguna referencia que haya sido pasada por alto a estas mitologías en *La transmigración...*

No, son libros muy diferentes. En retrospectiva mis tres novelas han sido consideras como una trilogía, y yo no tengo problema con eso porque comparten ciertos aspectos lingüísticos y tienen ciertas similaridades, en particular en los protagonistas. Cosas que recién ahora estoy viendo pero que en su momento realmente no fueron planeadas. Por ejemplo, los protagonistas en las tres novelas de alguna manera se encuentran en un espacio fronterizo. Están en la frontera entre países, en la frontera entre espacios, en la frontera de gente que está peléandose, y en cierta forma son traductores, negociadores, y eso es algo que ha estado en mi mente todo el tiempo pero que no había planeado de ese modo.

La estructura para *Señales que precederán al fin del mundo* es algo que tenía en la cabeza antes de escribir la novela. Voy a tratar de mantenerlo corto, pero hay una narrativa en la cultura mexicana que es la narrativa del Santo Mictlán. No sabemos exactamente qué significaba, no conocemos los detalles exactos de esta narrativa, pero voy a decirte lo que yo sé que está basado en lo que yo sabía de antes y lo que investigué para escribir el libro. Entre los Mexicas, que es lo que comúnmente se conoce como los Aztecas, su nombre oficial sería Mexicas, existía la creencia de que cuando uno se moría podía ir a uno de tres lugares. Podía ser Tlalocan, que era el lugar al que ibas si morías siendo un niño o morías en el agua, porque era el lugar de Tlaloc, la deidad del agua. Este lugar era básicamente bastante agradable. Todo lo que tenías que hacer allí era comer miel todo el día y había muchos pájaros. Luego estaba Ilhuícatl-Tonatiuh que era el lugar al que ibas si eras un guerrero o si eras una mujer que había muerto dando a luz porque en esos casos las mujeres eran consideradas como guerreras que murieron en el medio de la batalla. Y luego estaba el Mictlán que era el lugar al que ibas si morías de vejez, algún accidente o una enfermedad. Como digo, hay muchos agujeros en esta descripción, pero esto es lo que sabemos. Para poder llegar a este lugar, al Mictlán, antes debías pasar por varios otros submundos y en cada uno de ellos había algo sucediendo. La manera en la que se interpreta esto es que en cada uno de los submundos te iban a quitar algo de lo que te constituía como ser humano: tus sentidos, tu memoria, y así hasta que llegabas al último de los submundos que no era el Infierno, esa fue la forma errónea en la que los frailes españoles lo interpretaron, era un lugar sin olfato, sin luz, sin sonido, y ahí te convertías en parte de una especie de espiral de re-creación. Conocía parte de esta mitología, conocía una versión más simple de esto desde que era joven y siempre había pensado que era una gran estructura para una novela. Cuando me decidí a escribirla, investigué mucho más y decidí utilizar no solo la estructura sino también otras cosas, valores de la cultura pre-hispánica, otros símbolos, pero también decidí que el lector no necesitaba saber acerca de todo esto. Se convirtió entonces en un modelo que utilicé para darle densidad, volumen y aire a la novela pero este no es un texto arqueológico ni histórico. Entonces esto fue solamente algo que utilicé para darle dirección a la historia y esta es la historia de una mujer que va a otro lugar que bien podría ser interpretado como los Estados Unidos, pero que también puede ser interpretado como que ese otro lugar es la muerte.

—Es interesante porque entonces ese es el motivo por el cuál los lugares que atraviesa esta mujer no tienen nombre. El lector puede quizás identificarlos a partir de las descripciones de la topografía o las situaciones que ocurren pero no hay ningún nombre. ¿Es por esto mismo?

Bueno, es parte de la razón. Los nombres son muy importantes para mí y son tan importantes que en rara ocasión utilizo los nombres que tenemos en el mundo real. A ver si lo puedo explicar: si digo "esto tiene lugar en México" los lectores que no conocen México o los lectores mexicanos tendrían una idea muy precisa acerca de lo que significa. De la misma manera que si dijera: "esto ocurre en Australia" la gente inmediatamente empezaría a imaginarse una trama llena de canguros, no sé. A lo que quiero llegar es a que las palabras en muchas ocasiones tienden a simplifcar cosas complejas. Esta es la razón por la cuál en vez de utilizar nombres de lugares prefiero apostar a que la gente hará las relaciones en su cabeza, pero yo no las estoy haciendo. Yo lo que hago es ofrecerles una historia compleja y luego serán ellos los que harán el trabajo de hacer las relaciones y decir : "ah, esto tiene que ver con la cuestión mexicana; con la cuestión Estadounidense; con la cuestión de la frontera; con la cuestión de los canguros", lo que sea.

Se ríe.

Estoy seguro de que hay una comisión en Australia acerca del tema.

—Quisiera tomar provecho de tu título de grado en Ciencia Política y hablar precisamente un poco de política. El año pasado en 2018, por primera vez un político de izquierda ganó la presidencia en México. Mi pregunta es entonces ¿qué pensás de este evento? ¿pensás que Andrés Manuel López Obrador va a poder cumplir con las promesas que lo llevaron a la presidencia? ¿está México moviéndose a la izquierda o la elección de AMLO fue sólo una excepción?

No creo que AMLO sea de izquierda. Creo que es algo diferente y que ni siquiera él sabe realmente qué es en este sentido. Creo sí que él representa una oportunidad real de romper con las administraciones y los regímenes anteriores. Hemos tenido un cambio de régimen en el año 2000 cuando tuvimos los gobiernos del PAN, un partido de derecha que fueron un fracaso total. Y creo que la palabra "fracaso" les queda chica para lo que hicieron con el país durante los últimos dieciocho años.

Entonces, López Obrador es más bien un claro camino, una clara decisión de romper con esa inercia que tenía diferentes colores pero que era básicamente la misma cosa. Lo que creo que está haciendo, con un montón de problemas y resistencia de la oligarquía, ciertas partes de los medios de comunicación, y desde una posición de extrema debilidad, pero también muy ruidosa, junto a sus propios errores de los cuales algunos son muy serios, lo que está intentando entonces, creo yo, es desmantelar este viejo orden. Pero no me parece evidente que él tenga claridad acerca del camino que está emprendiendo. Si bien esto tiene sus ventajas, también tiene muchos problemas. Tiene sus ventajas porque somos una sociedad a la que nos han enseñado que debemos seguir lo que el hombre a cargo dictamina. En ese sentido está llevando adelante ciertas decisiones que crean el espacio para que la gente cree nuevas instituciones y nuevas formas de hacer política. Pero como sabemos, en momento de caos, en momentos en que el viejo orden está desapareciendo, cualquier cosa puede suceder. En ese sentido, entiendo que mucha gente esté asustada. Es un momento aterrador. ¿Sabes por qué? Porque durante el régimen anterior no se vivía un momento aterrador. Era un momento tedioso, autoritario y represivo pero no era tan aterrador. Durante el régimen del PAN, esos doce años, fue increíblemente mediocre y corrupto al punto de que eventualmente se volvió aterrador por diferentes motivos. Por lo tanto, realmente no sé. Lo que puedo decir es que AMLO realmente es un hombre honesto lo que es revolucionario por sí mismo en un país como México y también creo que está cometiendo serios errores en términos de no ser capaz de encontrar soluciones viables en el corto plazo mientras que al mismo tiempo está demandado la lealtad de un montón de gente para sostener estas decisiones. Si mi respuesta no es muy clara es porque yo mismo soy parte de este caos.

—Me gustaría por último pedirte que nos cuentes un poco acerca de tu nuevo libro, *El incendio de la mina El Bordo*, una no-ficción.

Este libro parte de lo que fue mi disertación doctoral en Berkeley. En ese momento decidí que no quería hacer una disertación acerca de algún tema horrible como "Vida y obras de Octavio Paz". En cambio quise hacer algo que fuese realmente relevante para mí y yo conocía esta historia de que en 1920 hubo un incendio en una mina en Pachuca, un pueblo que solía ser un pueblo minero. En ese momento la mina era propiedad de una empresa estadounidense. Entonces hubo un incendio en la mina, el 10 de marzo de 1920 y lo que la empresa decidió hacer fue cerrar la mina que se llamaba El Bordo, para frenar el fuego. Pero lo hicieron mientras que varios de los mineros todavía estaban dentro de la misma. Luego hubo una investigación que no fue acerca de por qué hicieron esto sino acerca del origen del fuego. Entonces lo que hice en mi disertación doctoral fue analizar los archivos judiciales de la investigación como si fuesen ficción. Porque esto fue algo que formó parte de la normalidad institucional mexicana, la ficción institucional, las mentiras institucionales. Luego comparé esos archivos con otro set de textos que tenían que ver con temas de impunidad en México. Luego decidí tomar una parte de esa disertación y contar la historia como ocurrió porque si bien muchos en Pachuca la conocen, estos son básicamente aquellos que tienen o tuvieron familiares que trabajaron en la mina y yo quería que formase parte de la memoria de la ciudad, más allá de estas pocas personas. Entones tomé lo que consideré que eran las fuentes más creíbles de aquellas que encontré y conté la historia como en un disparo simple, quería que fuese una historia poderosa, y es una no-ficción. Es el libro que probablemente ha sido el más difícil para mí de escribir por varios motivos, siendo el principal que no quería especular, no quise imaginar que es lo que siempre hago y tampoco quise utilizar otro lenguaje más allá del que encontré en las fuentes. Este fue un límite muy claro pero finalmente logré terminar un muy breve libro.

El cínico

Esta entrevista a Horacio Castellanos Moya fue con motivo de la salida de su novela *Tirana memoria* (2008).

—¿En qué sentido se puede hablar de una tirana memoria?

El título de esta novela procede de *Donde no estén ustedes*. En el epílogo de *Donde no estén ustedes* hay un personaje que está repensando su vida y su relación con su mejor amigo que era Alberto Aragón, que está muerto. Él dice que la memoria es una tirana implacable. De ahí me quedó la idea de cómo la memoria comienza a funcionar con ese carácter de tiranía, a veces en la vida. Entonces el título me cayó al pelo, porque la memoria no te deja en paz. En ese sentido es tirana. Sobre todo cuando son memorias de culpa, pero también de momentos placenteros, de lucha, de esfuerzo. Es que la memoria en todos los niveles te cerca, te tiene ahí, no puedes escapar de tu memoria.

—Pensando en tu profusión de personajes, las grandes genealogías y el tema de la memoria... ¿Sentís que *Tirana memoria* **se inscribe en la tradición de la novela de dictadores latinoamericana?**

No, yo no quería escribir una novela de dictadores. Por eso el dictador no aparece nunca, es sólo una referencia. Creo que es una novela sobre un golpe de estado, no sobre un dictador. Es una novela sobre un golpe de estado frustrado y sobre cómo cuando una vía violenta no funciona, en algunos momentos de la historia se dan ciertos movimientos de unidad nacional en cuanto a que las élites se suman a los esfuerzos populares o el movimiento popular se suma a la voluntad de las élites y hay toda esta posibilidad de derrotar a un gobierno dictatorial sin hacer nada más que encerrarte en tu casa para pensar el país.

Entonces yo creo que la novela de dictador se caracteriza más por reflejar al dictador, por retratarlo, por mostrar todas las características, las crueldades. En este caso no fue mi voluntad, creo que es un género agotado.

—Hablando de cómo se organizan las élites y el pueblo, ¿se podrían emparentar con algún otro tipo de organización social civil, histórica en Latinoamérica, como las Madres de Plaza de Mayo? ¿Lo ves parecido? También son mujeres, madres de presos políticos...

Sí, yo creo que estos fenómenos se dan en general en Latinoamérica y no necesariamente tienen que ser contra un dictador, pueden ser contra gobiernos militares en donde lo que se dan son distintas juntas o lo que fuera. No sólo en Latinoamérica. A mí lo que me interesaba fundamentalmente en *Tirana memoria* es la transformación de un personaje conservador, muy tradicional, atado a una visión de mundo apolítica, como de pronto se da esa transformación que la lleva a la acción sin cambiar radicalmente sus valores. Ese era el reto de ese personaje. Entonces, volviendo a la pregunta, yo creo que eso se puede dar en todos lados. No es una particularidad histórica de un país.

—**Sobre el entramado de la política y la historia en tu narrativa: ¿Cómo funcionan o influyen esos materiales en tu novela?**

Diría yo que es en estas últimas dos novelas en *Desmoronamiento* y en *Tirana memoria* donde es más evidente el engarce entre literatura e historia y donde hay una voluntad expresa mía de recuperar ciertos momentos históricos de la vida de El Salvador y de Honduras que me sirvan para reflejar o expresar las pasiones de los personajes que yo quiero desarrollar.

En *El arma en el hombre* y en *Donde no estén ustedes* es menos evidente. Hice menos esfuerzos para engarzar la historia con la literatura porque la historia era muy contemporánea para mí en ese momento.

—**¿Entonces en estas últimas dos novelas tuyas es más protagonista la historia que los personajes en sí mismos?**

Y sí. Aparece o me exige a mí empaparme más de una historia que no he vivido a fin de poder poner a los personajes que quiero inventar en ese contexto preciso. Pero en el caso de Robocop o de las otras novelas que suceden en mi contemporaneidad, la historia está ahí como background o como paisaje político de fondo que ni siquiera me hace reflexionar en ella. Nada más le pertenece a los personajes per se.

—**Referente a Robocop, el tema de la contemporaneidad y su calidad de mercenario. ¿Pensás que hay algún tipo de línea a trazar desde la narrativa de Fernando Vallejo en** *La virgen de los sicarios* **con esa cuestión de la herencia nihilista y destructiva?**

Pues yo creo que hay mucha literatura latinoamericana que se produjo en la década de los noventa y a principios de este siglo ya que tiene el contexto de la violencia. En México Elmer Mendoza y Vallejo. Roncagliolo en Perú. En Colombia hay dos o tres que siguen con esta novela de violencia. Hay uno que yo no leí, Satanás. Tiene el caso centroamericano de Rodrigo Rey Rosa que tiene una novela donde es muy evidente la descomposición social y el ejercicio de la violencia. Siento que es más bien una contemporaneidad latinoamericana. Tenemos en Brasil a Rubem Fonseca, por ejemplo, que escribe eso desde hace mucho antes, este tipo de personajes.

En mi caso con la particularidad de que este es un arma de guerra. Pocos países han tenido la experiencia de guerra civil intensa que tuvo El Salvador. Entonces, por supuesto, es una máquina mucho más engrasada.

—Si seguimos la frase de Adorno de que *no se puede escribir poesía después de Auschwitz* **mi pregunta va a cómo se puede escribir en Latinoamérica después de todos los genocidios que sufrió.**

La literatura sigue. Creo que todas estas frases terminantes no responden a una realidad. El ser humano sigue viviendo con sus pasiones pese a los cambios en su realidad social. Puede pasar de la dictadura a la democracia, de la violencia a cierta estabilidad y a cierta seguridad pública, pero las pasiones que mueven a la literatura son más profundas que un contexto social. El contexto social es un contexto.

—¿El desencanto generalizado que se ve en algunas de tus novelas te representa a vos políticamente?

Yo creo que en ese sentido si me representa a mi bastante. No soy un hombre con muchas ilusiones en términos de la política. Me gustaría ser optimista y pensar que Latinoamérica o que el mundo actual va en un sentido hacia adelante pero no estoy muy seguro de eso. Digamos que mi experiencia fue que en términos históricos nada se resuelve en Latinoamérica. Importamos modelos y la gente cada vez vive peor. Los niveles de seguridad social, de seguridad pública, de salud, de educación...

Ahorita estaba leyendo: "11 millones de pobres en Argentina", que se sumaron cien mil más... hay gente que no puede comprar la canasta básica. Bueno, ¿entonces para qué es la democracia? ¿Para qué *judido* sirve la democracia si la gente es más pobre? Para que las élites tengan su juego, ¿por qué no les pagan los videojuegos entonces?

¿Me explico? La vida cotidiana es más jodida. Mira, México se está desmoronando políticamente con unas violencias horribles, Centroamérica ya no digamos. Y las élites te dicen y las clases políticas te siguen diciendo "vamos mejor". Claro, vamos mejor porque ustedes tienen su circo, pero ustedes si divierten en su circo y ganan muy bien por estar en él. ¿Pero y la gente?

—**¿Tu familia a nivel político cómo es?**

Mi familia ya casi no existe. Es decir, cuando yo nací, cuando era chico a nivel político eran dos familias distintas, como en *Desmoronamiento*, que es de mis novelas más autobiográficas aunque yo no aparezca. Es autobiográfica por el retrato de familia, no por el personaje porque el personaje apenas es mencionado y aparece un ratito nada más. Pero fue así, yo tenía una familia conservadora del lado hondureño y tenía un sector de mi familia del lado salvadoreño que era comunista. Entonces ahí se dio el choque que ni siquiera fue un choque para el lado salvadoreño porque la gente vivía con otra intensidad. Pero para el lado hondureño, que mi madre se haya ido con mi padre si fue como un choque.

—Con respecto a todos los traslados que viviste, los lugares donde viviste. Bueno, ahora estás viviendo en Estados Unidos. ¿Cómo viviste la presencia política importante de Estados Unidos, el intervencionismo político norteamericano? ¿Eso influyó tu manera de pensar y escribir?

La presencia de Estados Unidos en la guerra civil de El Salvador fue muy intensa, a través del apoyo militar y político a la junta, luego al gobierno demócrata cristiano y sobre todo al ejército de El Salvador. Luego, en el '89 cuando la guerrilla lanzó su ofensiva y se tomó la capital, prácticamente casi derrota al gobierno -al ejército- y si no lo derrotó en buena medida fue porque el alto mando fue tomado por el ejército americano. De tal manera que ahí hubo una negociación: "ustedes no van a tomar esto" y estaban las tropas ya listas para invadir, "si ustedes toman esto, invadimos". Desde ese momento el ejército salvadoreño está totalmente subordinado al ejército de Estados Unidos, por eso está en Irak, es el único ejército de Latinoamérica que está en Irak. Porque ya no es su voluntad, quedó subordinado, perdió su soberanía, creo yo.

No hay moneda tampoco en El Salvador, la moneda es el dólar americano. Se abolió la moneda nacional. Entonces la relación entre El Salvador y Estados Unidos tiene niveles coloniales explícitos. ¿Por qué? Bueno, porque el 25% de la población de El Salvador vive en Estados Unidos y es la que sostiene al país. El dinero que esta gente manda es superior a todas las exportaciones juntas. Lo que exporta el país es mano de obra ilegal que se va a Estados Unidos para que envíe dinero.

Así es que lo que al principio fue una intervención fue, digamos, una intervención militar y política para evitar que la izquierda tomara el poder por las armas -una izquierda marxista- ahora se convirtió en una relación muy intensa de la tendencia del país hacia el imperio y paradójicamente me da la impresión que va a ganar la izquierda las elecciones de marzo próximo. Lo cual va a ser muy interesante, a ver qué pasa. Porque todas las encuestas señalan hacia allá y ahora, con el triunfo de Obama va a ser más fuerte la tendencia a que la izquierda gane. Yo todavía no logro ver qué van a hacer los ricos salvadoreños con la izquierda en el poder porque su movimiento reflejo va a ser el mismo de los 80 y de los 90, pero la realidad internacional y la misma realidad nacional ya no se los va a permitir porque ya los dueños de los medios de producción y de la banca y de todo son los grandes corporativos, como en todas partes. Entonces ya, incluso como clase dominante, no tienen el margen de maniobra que tenían antes.

—**Y en Estados Unidos, donde vivís actualmente, ¿el clima cómo se siente?**

Mucha ilusión. Mucha ilusión en la gente que yo conozco. No hay que olvidar que el 45% de la población votó por Mc Cain. Entonces lo que hubo fue una nueva generación que votó por primera vez y que quería cambio y logró ese cambio. Pero es un cambio que está pegado con saliva. Porque hay un 45% ahí que no le gustaba. No es un triunfo contundente, es decir, es un triunfo contundente por el sistema político americano de los colegios electorales, pero en términos globales es una sociedad que sigue igual de dividida. Nada más que ese 5%, 10% flotante se fue del lado de Obama. Pero ahí está el 45% rígido. Entonces vamos a ver qué pasa.

Se vive con mucha ilusión. Yo no sigo mucho, pues, porque he estado dedicado a la escritura de mis novelas estos dos años que he estado ahí.

—**¿Cómo llegás a la escritura?**

Uy, esa es una historia... Yo llegué a la escritura por la música. Quería ser músico y estudié un tiempo pero descubrí que era sordo, así fue. Y a través de la música, cuando queríamos componer las cosas nuestras, con los amigos, éramos muy chicos, 17, 18 años, tratando de componer canciones y todo, llegué a la poesía y la poesía me llevó naturalmente a la literatura. Pero yo buscaba la poesía al principio para escribir letras de canciones.

Lo que yo sentía era que no podía trasladar mis emociones, estaba desfasada mi emoción, mi pensamiento con la técnica. No podía convertirlo en música, aunque tuviera la técnica. Lo que me salía era muy impostado o muy cuadrado, no había manera de trasladarlo, por eso decía que me di cuenta de que era sordo. Lo que tenía era esfuerzo y ganas pero no posibilidades reales de crear. Podría tocar la música de otro si hubiera seguido por esa ruta. Entonces así buscando las letras llegué a la poesía y a través de la poesía la ruta se hizo.

—¿Cuál sentís cuál es el desafío político más importante de la actualidad? ¿Te interesas por el lugar donde estás viviendo, seguís lo que pasa en Latinoamérica?

Sí sigo lo que pasa en Latinoamérica. Me interesa un poco donde estoy pero a veces no pasa mucho. Las noticias son de choques o que asaltaron a alguien. Eso no despierta pasión informativa.

Pero a nivel latinoamericano el reto cada vez es peor. Veo la situación con mucho escepticismo y con mucho, sobre todo con mucho temor, porque creo que hay una tendencia en lo que es mesoamérica a una descomposición muy fuerte. Desde México, Guatemala, El Salvador, hay una situación muy delicada porque el narcotráfico ha permeado las instituciones políticas a tal nivel y las instituciones financieras... es tanto el dinero que se habla de un estado de derecho y los estados de derecho en realidad son simbólicos, ya no existen. Yo creo que Sudamérica no es ajena a eso tampoco, a otros niveles.

Pero me llamó la atención que vine aquí y lo primero que veo es una manifestación demandando seguridad pública. ¿Entonces qué significa? Que los estados latinoamericanos perdieron el monopolio de la seguridad pública y para eso son los estados, para darle seguridad a sus ciudadanos. En el momento en que un estado pierde el monopolio de la seguridad, gracias a todas estas privatizaciones, se llegó al mismo momento a la privatización de la seguridad pública y surgieron todos estos grupos de empresas privadas de seguridad que son larvas de grupos de secuestradores y de generadores de crimen organizado. El gran desafío para los estados latinoamericanos es recuperar la seguridad pública, que la perdieron. ¿Y la perdieron por qué? Por el modelo y la voluntad de las élites de privatizarlo todo. Se vio que se privatizó en Estados Unidos eso mucho también pero no sucedió de la misma manera: lo que han privatizado es los ejércitos de intervención. Entonces en Irak lo que tienes es sector privado, pero para los países desarrollados la seguridad pública sigue siendo un patrimonio del estado.

—¿Respecto de los gobiernos teóricamente de izquierda que actualmente gobiernan Latinoamérica, cuál es tu visión, creés que esto podría llegar a solucionar algo? Acá tenemos un gobierno que está reestatizando empresas privatizadas.

Yo creo que las reestatizaciones en si no son negativas ni positivas sino que dependen de los mecanismos de fiscalización que se tengan. Porque lo que pasa con estos procesos de reestatización es la corrupción. El problema de la corrupción se da privatizando o estatizando, es lo mismo. El problema es que no hay mecanismos de fiscalización. Los mecanismos de fiscalización son necesarios para crear ese equilibrio.

Hay un gran debate sobre cuál sistema funciona mejor, si el de las pensiones privatizadas o las pensiones estatizadas. El problema es que de los dos lados, si no hay mecanismos de fiscalización se los roban. Sino mira en Estados Unidos, lo robaron y en Chile está privatizado y no creo que lo hayan robado.

Entonces yo creo que el problema no es para la izquierda, hace bien en reestatizar. Pero si quiere si realmente quiere un desarrollo del sistema democrático y recuperar sus ámbitos de poder del estado, lo primero que debe hacer el estado es recuperar la seguridad pública. Sin eso no te sirven los mecanismos de fiscalización porque hay una gran corrupción. Es un círculo vicioso.

Originalmente publicada en el blog de letras *Hablando del asunto* el día 10 de febrero de 2009.

"Me pasé la vida en pose"

Esta entrevista se la realicé a Fogwill algunos meses antes de su fallecimiento y hasta donde sé, es una de las últimas que brindó. Originalmente estuvo pensada para ser publicada en la revista Guapo pero no llegó a salir allí porque la misma cerró antes de poder publicarla. Eventualmente una versión de esta entrevista fue publicada por la también extinta revista digital de letras No-Retornable.

"Suerte Soiferrrrrr", se despide el escritor. Todavía falta un llamado para terminar de concretar la entrevista.

Esa segunda llamada se produce.

"¿Fogwill?"; "¿Hola?"; "Sí. ¿Fogwill?" Silencio. "¿Quién es?"; "Soifer";"¿Horacio González?"; "No, Soifer, para el asunto del a entrevista, hablamos la semana pasada. ¿Te acordás?";"Ahh, sí, sí…"

Concretamos la nota: en su casa, a las dos y media de la tarde un día de semana. "Es luminosa, podemos hacer las fotos acá. Eso sí, está un poco sucia. El escritor roñoso" dice. "Si querés puedo poner de título de la nota eso: Escritor roñoso." "Si a tu fotógrafa le da por sacar fotos de mi casa, no tengo problema." Es un personaje solicitado Fogwill por estos días: acaban de editarse dos libros suyos en la Argentina: *En otro orden de cosas* (Interzona, 2008) novela que el autor publicó hace ya unos años en España y una recopilación de artículos, ensayos y entrevistas: *Los libros de la guerra* (Mansalva, 2008).

Llegamos a la cita. Durante casi toda una tarde y con el correr de las preguntas, el escritor desmitificará algunas leyendas que se tejen sobre su sombra y confirmará otras. Por empezar hay que decirlo: es cierto su indisimulado gusto por las mujeres. Apenas entramos a su casa le sugiere a la chica con la que estoy, Julieta, que vino a hacer de fotógrafa que vea otras fotos que le sacaron. Le muestra la pantalla de la PC donde puede verlas. Está en diagonal a dónde él se sentará y como la pantalla está arriba de una especie de cajonera alta, Julieta las ve de parada. Cada tanto Fogwill desviará su mirada de la conversación y ojeará la espalda y más allá de Julieta.

Suficiente preámbulo.

Política

—**¿Cómo te definirías políticamente?**
No sé. No soy nada. No creo ni en el progresista ni en el reaccionario. A veces coincido con los sectores más reaccionarios, otras veces hasta llego a coincidir con los progresistas, aunque estéticamente no me gustan.

—**¿Te declararías progresista entonces?**
¡No! Me cago en el progresismo. Yo nunca fui progresista.

—**No confiás en nada entonces...**
Confío, por ejemplo, en la tecnología superior de Linux.

—Pero usás Windows...

Lamentablemente. Porque laburo. Estoy en una red, en una empresa que está coimeada seguramente por Microsoft. O peor, por IBM, AT&T.

—La política tiene una presencia fuerte en tus libros. ¿Qué posición sostenés respecto de la vieja discusión Compromiso – No Compromiso?

Todo implica un compromiso. Pagar el boleto del colectivo es un compromiso porque uno aceptó el pacto social que dice que no te tenés que agarrar a trompadas por pelotudeces.

Excesos y adicciones

—En un artículo de 1984 ("El modelo liberal de opresión sexual") escribiste: "... la pornografía es una institución comercial, que como las industrias del alcohol, del tabaco, propende a la creación de ámbitos de satisfacción sustitutiva que generan dependencia de su clientela. Cuando el Estado (...) acepta su existencia y promete la tolerancia respecto de esta industria cazabobos, define su proyecto cultural con tanta precisión como cuando amenaza con trencitos de exposiciones y conciertos de música complaciente...".

Teniendo en cuenta esto, ¿Considerás que la liberalización del consumo de drogas del que se estuvo hablando últimamente va por este mismo camino? Yo estaba en contra de liberalización de la pornografía cuando se confundió un destape ideológico y político con un auge de la pornografía.

Yo gané el primer premio de un concurso organizado por la primer revista pornográfica con intenciones comerciales serias de la Argentina. Se llamaba Don y el dueño era un fiolo de carrera. La pornografía venía de la mano de la explotación, de la prostitución. Estoy en contra de la pornografía y del juego. Yo pienso que la presencia de droga debe ser penalizada. No me importa si te drogás o no. Si tenés droga sos parte del sistema de comercialización de la droga que está costando 15 mil vidas humanas.

—**¿Lo decís a raíz de tu experiencia como ex adicto a la cocaína?**

Sí, claro. De no tener esa experiencia personal y si fuera progresista diría: "No, ¡Que lo liberen mientras se tome su medio gramito por día de cocaína!". Pero claro, medio gramo de cocaína por día significa que tenés que ver tres veces por semana al dealer. Estás participando de un acto de comercio ilegal.

—**¿No hay diferencia entre marihuana y cocaína?**

Mhhhhh... yo conozco mucha gente que se cagó la vida por la marihuana, mucha que se cagó la vida por la cocaína. Creo que en nuestro medio puede haber diferencias. En las clases populares es tan cruel una como la otra. Cualquier cosa, el pegamento por ejemplo, es una idiotez. Además no produce nada. El pegamento es tan dañino como la marihuana, la cocaína y esas pastillas de mierda que nadie sabe quién sintetizó y se las comen de a baldazos ¿no?

—**Los años 80 de merca, los años 90 de pizza con champagne, estos años ¿de qué son?**

Ahhh, ¿Qué pizza con champagne? Pizza con champagne fue un Estado que protegió, como este mismo, el tráfico de drogas.

Este Fernández (se refería al entonces ministro Aníbal Fernández), que habla de la liberación de las drogas es parte de un Estado que tuvo a la Argentina un año entero sin radares, poniendo en peligro la vida de todos los pasajeros de aerolíneas.

Literatura

—¿Qué opinás de los premios literarios?

Son todos una mierda. Todos son absolutamente cuestionables. Creo que tendría que haber un premio literario. El Premio Nacional tendría que ser una institución sólida y defendible. Creo, me parece. No estoy muy seguro. Sí, pienso que sí: debería estar bien dotado de guita, bien dotado de honores. Pero si ya empiezan pijoteando los jurados imaginate como termina.

Además hay una mafia de los premios que es evidente. Hay jurados profesionales que están en todos los premios haciendo de jurados.

—El último Premio Planeta, el que ganó Federico Andahazi fue muy polémico. ¿Estaba arreglado?

Pero es evidente que estaba armado. Andahazi está representado por este dealer de premios que se llama Schavelzon. El que arregló el premio anterior. El que metió a Piglia en ese tema.

—¿Cómo fue eso?

No sé, no estuve en la intimidad de las negociaciones. Si querés saber cómo fue la estafa andá a tribunales y fijate. Tengo evidencias y chismes. Quedó demostrado que Piglia no cobró el Premio porque los cheques con los que le iban a pagar Piglia iban para pagar otra cosa: un albañil, el fletero...

Por eso mi crítica dura a los agentes literarios es la claúsula 4 o 5 que te hacen firmar en la que vos decís que tenés que darles el 10% de lo que saques de los premios literarios.

—¿Qué opinás de la narrativa argentina contemporánea que suele defender una postura poco politizada para su literatura?
Ya existieron esos escritores eran: Guebel, Bizzio, Pauls, Caparrós. Esto en el año '82. Y de los actuales quizás también hay alguno de los que puedo hablar bien, creo que no. A ver (agarra una suplemento cultural que tiene en tapa a varios de los escritores argentinos contemporáneos)
Cucurto. De Cucurto hablo bien. De los demás no. Pero Cucurto es un tipo que me interesa. Está entre varias aguas, viste que es rara la posición de Cucurto.

—¿No rescatás nada de la nueva movida?
¿Qué es nueva movida? Eso de nueva movida es márketing.

—Las antologías de escritores jóvenes que están de moda...
¿Esas de Tomas y compañía? Eso no existe (NdelR: Se refiere a *La joven guardia* antología de cuentos de narradores argentinos contemporáneas hecha por Maximiliano Tomas así como otras similares.)

—Dicen que cuando vos hablás bien de un escritor es porque se está por morir...
¿Quién dijo? Yo hablé bien de muchos. No creo que se muera Fabián Casas. No creo que se muera Mattoni, Raimondi...

—Hace poco hablaste de Pablo Ramos...

Me parece un tipo interesantísimo. Creo que es un escritor hipersalvaje y que tendría que darse cuenta que se puede convertir en un escritor de primera línea si acepta ciertas reglas del juego y si aprende a controlar y analizar sus textos. Leí un solo texto de él: *La ley de la ferocidad*. Me parece una obra maestra ese libro. Lo que pasa es que yo lo puedo leer pero no lo puedo ir regalando porque sé que el lector se va a entusiasmar mucho en un momento y de golpe se le va a derrumbar. Yo sé, esos ciclos de derrumbe y éxtasis que hay tienen que ver con los ciclos del alcohol, con los ciclos de la droga, y con los ciclos del laburo espantoso de escribir. Vos tenés una etapa buena: cazás guita y escribís como loco, estás tranquilo. Empieza a apretar, te empieza sonar el teléfono que quieren cobrar y ya escribís cada vez peor.

—**¿Cuál es tu relación con Borges?**
Mi relación con él fue leerlo.

—**¿Y él te leyó?**
Le leyeron tres veces un cuento mío: "Sobre el arte de la novela" Se lo leyó dos veces Josefina Delgado y una vez Pezzoni.

—**Le omitían las partes pornográficas.**
Exactamente, por eso él después dijo que yo dominaba el arte de la elipsis.

—**¿Qué pasa con tus libros que no se consiguen en la Argentina?**
Van a salir. ¿Qué apuro hay? ¿Tienen tanto apuro, loco? Ya salió uno de los que no se consiguen.

—**¿Tenés libros que nunca publicaste?**

Sí, pero no sé si los voy a publicar. Deben ser malos. Son malos.

—¿Escribirías una novela sobre estos años? ¿Cómo sería?
Los pichiciegos era sobre los '80 y la escribí en los '80. *Vivir afuera* la escribí en los '90 y era sobre los '90. *En otro orden de cosas* la escribí en el '99. Entre el '99 y el 2001 y es sobre ahora. Es un libro muy vigente en la actualidad. Está hasta en los nombres de la actualidad, eso ya se va a notar.

—¿Es una novela actual?
Yo creo que es actual pero no porque parezca la biografía de un montonero que terminó en el poder...

—A eso quería llegar: ¿Es la historia de un fracaso? ¿De Revolucionario a Burgués?
No loco, es una historia que empieza con un fracaso amoroso y termina con un éxito matrimonial.

—Justamente, es un aburguesamiento... el protagonista empieza saliendo con una revolucionaria y termina con una arquitecta conchetita...
No era una revolucionaria la mina esa, era una estúpida que tenía un gato.

—Empezamos como jóvenes idealistas y terminamos casados y con hijos...
No es lo mismo un burgués que conserva la lucidez... lo que pasa es que la pierde en el camino. La reflexión final del personaje la suscribo: el misterio de la paternidad.

—¿La novela tiene que ver con la moda del peronismo?

Sí, sí, claro. Vos usaste la palabra marketing. Se transforma en un argumento. El peronismo es muy difícil de pensar. Sería muy fácil para mí si viene alguien con 10 mil dólares y me dice escribí un ensayo sobre el peronismo. ¿Cuántas páginas? 224 páginas. Yo escribo un ensayo que no sería el peor de los que hay sobre el peronismo. Pero te aseguro que no entendería nada. Sigo sin entender. No hay dólares que paguen una comprensión del tema.

La Academia

—¿Estás peleado con la institución Académica? ¿Querés hablar de eso?

No, no puedo. No estoy peleado con Puán, ¿Por qué lo decís?

—**No perdés oportunidad de decir que la Facultad de Filosofía y Letras de la UBA es una cotolengo...**

¡Pero es que es un cotolengo! Personalmente no me llevo mal con nadie. Por otro lado, ignoro a todos los verdaderos trabajadores de la educación que deben haber ahí: los profesores de griego o de latín, que son tipos que seguramente saben mucho y me cago de envidia de pensar en ellos. Las profesoras de gramática... me encantaría saber gramática como ellas.

—**En muchas ocasiones se notó cierta actitud de choque de tu parte con respecto a la Academia.**

No, para nada, para nada. El consumo de la Institución Académica y el espacio social que genera es lo que me parece espantoso. Tengo mis observaciones en general contra la institución universitaria argentina. Yo, por ejemplo, viajo mucho a Chile, a las universidades, me contratan alguna clase, una fiesta, una novia, siempre hay un motivo para ir allá. Yo veo que las universidades que funcionan allá que son privadas obviamente y es una universidad que yo quisiera para la gente de acá, la Universidad Nacional que yo quisiera.

—¿Estás a favor de la Universidad Pública o Privada?

La primera vez que caí en cana caí por luchar contra la ley que habilitó a la Iglesia para tener universidades. Pero hoy en día me parece imprescindible que haya universidades privadas.

—¿Estás a favor del arancelamiento de la Universidad?

¡Pero sí! ¿Por cuánta plata? ¿Un tipo que se va a gastar diariamente 9 pesos de pizza y coca cola no puede pagarse eso en arancelamiento? La Universidad Nacional de Chile es arancelada y cualquiera pedir una beca si la universidad te acepta. El Estado te va a pagar tu cuota y vos vas a tener que devolverlo a partir que te gradúes. Te lo van descontando en el CUIT. En 20 años lo pagás. Por supuesto, en todas partes que hay capitalismo esto genera un sistema de corrupción. Pero en Chile está todo muy cuidado, no es como acá. A pesar de lo que decía Bolaño. Dijo algo genial: "Cualquier analfabeto con un título de propiedad puede tener una universidad privada". Si vos tenés guita podés fundar una universidad privada. Una de las mejores universidades de Chile, la Universidad del Desarrollo, es un hobby de un político del Opus Dei que fue candidato presidencial, Lavín. ¿Sabés cómo compiten loco? Se pelean por los directores de carrera de Letras... se pelean como se pelean por un jugador de básquet estrella. Había uno que es una estrellita. No tiene gran consistencia, pero es primo de un gran poeta y tenía un programa de televisión y ese dirigía la de una Universidad de la Finisterra que era de una secta católica de ultraderecha... a la derecha del Opus Dei que es la secta que se llama "Los Legionarios de

Cristo". Y me invitaban a mí a dar conferencias, a Lemebel. Un día, la Universidad del Desarrollo que es del Opus hizo una movida y se llevó al director de la carrera, a dos o tres profesores estrella y atrás de ellos todas las conchetitas y los boluditos que eran del club de admiradores del tipo.

Acá en la Argentina todavía confío más en la Universidad Nacional que en las universidades privadas, pero hay formaciones que en la Universidad Privada son superiores.

Genocidios y otras polémicas

Lo llaman por teléfono, atiende. Escucho tramos entrecortados de su conversación. Dice que si le quieren hacer juicio que se lo hagan.
Vuelve.

—¿Qué pasó?

Chiche Gelblung me acusó de antisemita y me quiere hace juicio.

—¿Por qué? ¿Qué dijiste?

Le dije al aire, por teléfono, lo que yo pienso. Se cortó la comunicación y yo estaba en el club Villa Malcolm la gente estaba escuchando y escucho que él está hablando y dice: "Bueno acá han escuchado la otra campana, acá escucharon a Fogwill uno de los escritores más talentosos que tiene la Argentina, un hombre brillante pero que sin embargo, ustedes escucharon lo que dijo, yo no opino nada. Que actúe la justicia".

Yo no niego el Holocausto. Niego la palabra Holocausto, obviamente.

—¿Por qué?

¿Cómo le vas a atribuir un motivo religioso a eso? ¿Vos crees que los mataron por motivos religiosos a los judíos? Eran motivos ideológicos mucho más complejos que la religión. Además lo que fue la Solución Final, ahí si yo niego que hayan sido 6 millones, me consta que no pueden ser 6 millones de judíos, no alcanza Europa para 6 millones de judíos. 6 millones era el número de kilómetros cuadrados que reclamaba la Haganá para el Estado de Israel, eso diez años antes de que fuera el supuesto Holocausto. Habrán sido un millón. Si hubieran sido 300 personas era lo mismo. Si hubieran sido 30 también.

Niego la cifra pero no voy a discutir la cifra porque no voy a ir a Europa de vuelta para demostrar que en Auschwitz no cabía tanta gente.

—No sólo en Auschwitz se mató gente.

Sí, pero fue el más grande. Si en Auschwitz se pudo haber matado 60 mil aceptemos que el terror nazi pudo haber matado otros 600 mil. Pero además le dejó la mano libre a los rusos, a los lituanos a los polacos, a los rumanos, a los búlgaros para quienes todo judío de su Estado era un alemán en potencia, era un enemigo. Porque eran los aliados de Alemania, los judíos, hasta bien avanzado el nazismo.

—En esa misma línea hablaste mucho también respecto de la última dictadura militar. Criticaste mucho el informe de Sábato.

¡¿Pero qué te parece?! Eso fue una estafa.

—¿Por qué?

Porque era todo una cortina de humo para salvar ciertos intereses. Acá hubo dos factores. Acá hubo una guerra sucia y una conducción de la Guerra Sucia. La conducción la hizo Martínez de Hoz al servicio de un grupo de empresarios, una alianza de diferentes sectores empresarios. El resultado fueron 8 mil o 9 mil desaparecidos. Quizás 30 mil porque hubo quien desapareció una o dos veces. Pero muertos fueron 8 o 9 mil. Son todos los que pudo hasta ahora pagar la secretaría de Derechos Humanos de la Presidencia de la Nación que tiene los fondos para cualquiera que tenga parentezco con un desaparecido cobre una indemnización. Es cierto, por dignidad habrá habido mil que se negaron a cobrar. No lo creo porque también es una reparación simbólica. Pero mataron a 9 mil y redistribuyeron el 25% del ingreso argentino. El 25% de la riqueza que iba del sector asalariado pasó a ir al sector patronal. En aquel momento me di cuenta que todo esto era una cortina de humo para tapar esto. Y también me di cuenta que las organizaciones de derechos humanos de todo tipo planteaban la cosa de modo tal que aquello quedaba en Ley del Olvido. Es cierto que Hebe de Bonafini nunca dejó de hacer declaraciones subversivas, desde alianzas con los terroristas árabes hasta simpatías con Fidel Castro, con el Che Guevara y ahora la última, eso de donar la ametralladora del hijo.

—¿Qué opinás de la Cuestión Gay?

Odio la palabra gay. En mi época, los homosexuales masculinos jamás se hubiesen identificado, por ejemplo, con las lesbianas. Aunque había algunas lesbianas que podían llegar a sentarse en alguna mesa de homosexuales. Los homosexuales de esa época se llamaban "better". Mejores. Y eran mejores que los de ahora.

—¿Por qué?

Porque no tenían una cultura tan opresiva. No iban a boliches better, iban a boliches.

—¿Estaban más integrados?

No sé si estaban integrados o segregados, pero no se auto segregaban y nadie usaba la homosexualidad para venderles nada.

—¿Crees que existe un márketing gay entonces?
Yo me acuerdo cuando se lanzó el tema. Fue muy reciente, en 1978. Fue tapa de la revista Times y decía: *Think straight, be gay*. Es decir, "Piense recto, correctamente, sea puto". Pero era adjudicado solamente a los hombres. Ahí me preocupó mucho a mí eso, la idea de que le dieran un nombre inglés. Yo tenía un amigo que era del Frente de Liberación Homosexual que fue un movimiento satélite de las organizaciones revolucionarias de las décadas del '70. Fue muy famoso después, era el poeta Néstor Perlongher. Él decía: "Es tremendo, ahora cualquier puto se hace gay". Para él era una cosa ofensiva porque era una palabra imperialista. A tal punto me preocupó el asunto que me ocupé de investigar la etimología de la palabra. Escribí un artículo "¿De dónde vienen tantos gueis?" (NdelR: el ensayo se encuentra en el libro de ensayos de Fogwill *Los libros de la guerra*).

Realmente me molestó la palabra. Y ahora es peor. Suponte que se instituyera el "Premio Gay", vas a ver que los que van a ir son gays, osos peludos, sadomasoquistas, lesbianas... lesbianas de las siete u ocho tribus de lesbianas que andan por ahí: lesbianas darkie, lesbianas machorras, lesbianas vampiresas. No me gusta para nada todo eso. Porque junto a eso vienen un montón de cosas. Es decir, la reivindicación gay a mí me parece bárbara. Incluso había un grupo del que también conocía al jefe que se llamaban los GAG: Grupo de Acción Gay y que supuestamente era un grupo represivo a los represores. Me parece bien la autodefensa de los diferentes sexuales. Entre paréntesis, si tuvieras un buen sistema de micrófonos podrías comprobar que 9 de cada 10 personas son "diferentes sexuales". — Decís todo esto pero, sin embargo, hace poco escribiste una columna en el diario Perfil donde hablás contra el matrimonio gay. Empezás poniéndote a la par del Cardenal Bergoglio y terminás diciendo que estás en contra de la institucionalización del matrimonio gay porque eso llevaría a que se gasten más recursos del Estado y en tus palabras: "más déficit fiscal, más inflación, menos bienestar para nuestros mayores y, como si hubiera pocos, más escenas de celos y reproches de nuestros amigos trolos".

Estoy absolutamente en contra del matrimonio gay. Si queremos liberar a los homosexuales o a "los diferentes sexuales" y en esto tenemos que incluir a los masoquistas, a los sádicos, a las lesbianas

— **Volviendo al tema de los derechos...**

Creo que las personas con identidad sexual diferenciada (no me importa que sean varones o mujeres y no me importa cuál sea su objeto sexual) tienen que tener todos los derechos del mundo. Pero si estamos luchando por la liberación de ellos, no los encanemos en la institución más mierda que produjo la sociedad contemporánea que es el matrimonio. La más represora. Fundada en la ley de Moisés. Que por supuesto no era una ley monógama.

—**¿Cómo es eso?**

En el Antiguo Testamento, lees La Ley de Moisés y ves que en ningún momento dice que tenés que tener una sola pareja. Eso se instituyó cuando los judíos se empezaron a mimetizar con los romanos. Es un invento la monogamia. Es más, la Ley de Moisés obliga a ser bígamo cuando se muere tu hermano. Un varón que tiene un hermano que muere tiene que darle su nombre, su casa y hacerle hijos a la mujer de su hermano. Onán no fue castigado por Dios por masturbarse. Fue castigado porque se le murió el hermano, se llevó a la viuda a su casa, la mina lo calentaba pero el odiaba a la familia de la mina. Entonces se la garchaba pero no le eyaculaba adentro. Daba, como dice la Biblia: "las semillas a la tierra." Es decir, acababa en el piso. ¿Y cómo lo castigó Dios? Lo mató. No lo mandó al infierno. Le mandó un rayo y lo mató.

Entonces, la Ley de Moisés te obligaba a la poligamia. Te obligaba a darle tu nombre a todos los hijos que tuvieran las mucamas y esclavas de tu casa. Eso es poligamia.

—**Algo un poco más democrático que el matrimonio actual ¿no?**

La institución actual es una mierda. Matrimonio Gay, ok, ahora decime ¿Aceptan también la trigamia gay? ¿Van a defender la trigamia? ¿Va a ser acaso una conquista ulterior? Los putos careta van a querer seguir teniendo un esclavo domiciliario.

—**¿A qué te referís?**

A que van a querer ser un matrimonio como mi papá y mi mamá. Porque el caretismo cunde. Y en general, son más careta los homosexuales que los straight.

—**¿Por qué?**

Porque el gay tiene esa puta costumbre de cuidar las formas. Viste que son más limpios, más ordenados...

—**¿Eso no tiene que ver con una imagen creada por el márketing gay?**

No, no, eso tiene que ver con una estúpida identificación femenina. Un homosexual racional no tiene por qué identificarse con una mujer. Un homosexual es homosexual porque le gusta el pene. Le gusta que se lo pongan o le gusta chuparlo tocarlo o admirarlo. A la mujer no sé qué le gusta. Que se yo, le debe gustar nada más que joder a las otras. Y molestar a los varones.

—Volviendo a la pregunta original, en ese artículo citaste al Cardenal Bergoglio ¿No te parece que es una provocación?
Yo coincido con el Cardenal Bergoglio, por supuesto. Creo que es una medida progresista no permitir que la gente se autoinmole en una institución siniestra como es el matrimonio.

Identidad, pose
— Tenés una cuestión de construcción de imagen muy fuerte. Se comentan muchas cosas de vos o siempre tenés una anécdota interesante que contar...
El 90% son falsas. Se van exagerando. Es muy divertido... tirás una boludez chiquita así y faaaa...

—A mí me llegó el rumor de que tu hija se llama Vera Fogwill porque es lo mismo que decir "Ver a Fogwill"
No, mi hija se llama Vera Fogwill porque la nuera de Trotski que es la que crio a la madre de Vera, se llamaba precisamente Vera. Fue mujer del padre de la madre de Trotski.

—Hay un personaje tuyo muy importante que se llama Vera: Vera Ortiz de *Help a él*.
Pero ahora todas se llaman Vera, no viste la novela esta, como se llama esta tontería, la novela de Bizzio, *Era el cielo*, la amante se llama Vera. La amante del tonto de Rímini de *El pasado* (de Alan Pauls) se llama Vera. Hay tres, cuatro Veras en la literatura argentina, siendo que es un nombre poco probable.

—**Habría que ver la etimología ¿no?**

Para mí siempre significó Verdad. Pero hay otras cosas también... Severa... hay un fondo sadomasoquista en eso ¿no? También están los libros de Nabokov, dedicados a Vera. Pero además, en esa época yo vivía pendiente del pensamiento de Eliseo Verón. También puede haber sido un homenaje a Eliseo Verón. Vera nació cuando yo ya estaba graduado hacía varios años pero seguía estudiando con él.

—**Teniendo en cuenta que tenés cinco hijos ¿Cómo te llevás con la paternidad?**

Sí, tengo cinco hijos por ahora y creo que para siempre porque tengo miedo de tener huérfanos. Es una cagada eso. Me llevo bien con la paternidad. Me gusta.

—**En un autorretrato que incluís en *Los libros de la guerra* decís que te acordás de tu primera erección, a los dos años ¿Eso no es construcción de leyenda? Fogwill, el Super Macho de la Literatura Argentina.**

¡No loco! Yo recuerdo mi primera erección a los 2 años y recuerdo la de mis chicos al año.

—**Una cosa es lo biológico y otra cosa es que lo recuerdes.**

Yo tengo recuerdo de un lugar donde dejé de vivir al año y tres meses. Y me pasé la infancia asombrando a los parientes por cosas así. "En esta casa había cocina de querosén" digo por ejemplo. "Pero si vos nunca viniste acá"; "¿Cómo que no? Si ya caminaba." Desde que camino recuerdo. Tengo una memoria infernal.

—**¿Eso te ayuda a escribir?**

No para nada. Pero me ayuda a impresionar.

Me encuentro con un tipo de la primaria y le recito de memoria la lista de compañeros de sexto grado (a continuación recita aceleradísimo una lista que bien pueden ser apellidos o cualquier cosa, se pierde con la velocidad con la que escupe las palabras.) Me acuerdo, de esas boludeces me acuerdo. Después me olvido del teléfono de la portera o cosas así.

—Si las generaciones de escritores nuevos siempre tienen que matar a sus padres literarios, a vos ¿quién sentís que te mató o intentó matarte?

Intentaron matarme pero no literariamente. No creo en esas mitologías del parricido, el filicidio, no creo en esas alegorías.

—Siguiendo con los rumores... se dice que robaste el slogan "El sabor del encuentro".

No, al revés. Esa campaña está registrada por mí para *Pallmal* en el año '78 en nombre mío y de Santiago Álvarez Forn. Me la robó un empleado mío, un tipo que había sido gerente de mi agencia de publicidad. La usó para Quilmes pero me indemnizó.

—Entonces no sos tan malo como te pintan...

Pero yo robo ¿eh? *El sabor del encuentro es robado*. Mi idea es robada. Se la robé al que se la robó. David Ratto se la robó a *Marlboro*. La campaña decía: "Venga a dónde está el sabor". Era la campaña de *Marlboro* de los años '60. En el año '68 lanzó *Viceroy* en la Argentina con una campaña que decía: "Hay gente que encontró el sabor". Y a mí se me ocurrió "El sabor del encuentro".

Lo mismo que "La pura verdad". La saqué de Coca—Cola. Así la afané: "Traduzcan el slogan de Coca—Cola" para el Jockey Club dije. "The Real Thing", "La cosa real" me dijeron, es ridículo. No, así no se traduce. Pregúntenle a un inglés qué siente cuando dice "The real thing". "Creeme que es la real thing". Bueno acá lo mismo, "Creeme que es la pura verdad". Así salió ese slogan. Después vinieron un montón de boludos que dijeron que a ellos se les había ocurrido. Pero a mí se me ocurrieron todos y se me siguen ocurriendo cosas y a ellos no se les ocurrió nada.

—**Pensé que tu prontuario decía Estafador porque te habías afanado ese slogan...**
No, no tiene nada que ver con eso. Mi estafa tiene que ver con un quilombo político muy complejo. Me clausuraron las cuentas del banco porque decían que usaba la plata de la publicidad de *Nobleza* para favorecer a ciertos canales a cambio de que ellos pasaran publicidad subliminal del ERP. Estoy hablando de 1979 cuando el ERP no existía más, existía en Portugal, un tipo del ERP quedaba.

—**¿Eso en qué año fue?**
1979.

—**¿Cuánto tiempo estuviste preso?**
6 meses. Nada. Divertidísimo. En esa época ir preso era como ir a un hotel.

—**¿Por qué lo decís?**
Caías en la cárcel y estabas bajo la justicia, estabas limpio de todo peligro. Eso es fundamental.

—**Eso si caías dentro del sistema legal... si eras chupado era otra cosa.**

A mí me chuparon 12 días, después me pasaron a Tribunales, después me pasaron a la Policía Federal. Esa etapa fue negativa. Estuve esos 12 días sin fumar, sin comer y meando en un baño una vez al día cuando me sacaban. Pero eso es todo, boludeces comparado con lo que es ahora. Ahora caes a la cárcel y no sabés si vas a salir vivo. Y si salís vivo, no sabés si vas a salir vivo y sin virus porque cuando llegás siempre te sueltan al más sidoso y al más perverso para que te coja.

Al poco tiempo de publicada la entrevista, Fogwill me escribió:
rufian: bien escrito el reportaje, pero ojo con Acuario. La memoria verdadera es la peor consejera. inventá algo sobre esas locas.
NECESITO EL MAIL O EL TUBO DE LA CULIETA-JULIETA PARA
PEDIRLE FOTOS.
GRACIAS

Tan violentamente dulce

Espero a Pablo Ramos en su bar (*Mataron a Kenny*) durante un par de horas y no aparece. La respuesta al plantón viene unas cuantas horas más tarde en un e-mail que me manda:

> *Perdón, loco, pero llegué de Córdoba*
> *con un amigo terminamos en cana*
> *y perdimos el avión*
> *¿cuándo nos vemos?*
> *perdón, perdón, perdón*

Casi una semana después, camino junto al escritor. Me pide que lo acompañe a comprar café para poder invitarme una taza mientras hacemos la entrevista. Cruzamos a un típico almacén de barrio que persiste sólo porque estamos bien inmersos en un barrio-barrio, La Paternal. En el camino me cuenta que había ido a acompañar a un amigo a presentar un libro en Córdoba y que éste se emocionó tanto con la presentación que terminó tomando unos cuantos fernets de más, abofeteó al conserje del hotel, usó un extintor de fuego por los pasillos y quiso trompear a un policía cuando fueron a buscarlos. «Tuve que pagarle $150 al cana para que no molieran a palos a mi amigo en la comisaría. Sólo para eso» dice.

Así es Ramos: comprometido hasta el tuétano con lo que cree, con los que quiere, con lo que siente y también, claro, con la literatura ajena y la propia. «Yo estoy tan al servicio del personaje que estoy actuándolo» comenta «estoy viviéndolo, le pongo mi carne al personaje, soy el personaje. Me convierto yo en una expresión autobiográfica del personaje» y esto dice, le trae problemas en su propia vida. Como por ejemplo cuando abandonó 6 años de abstinencia alcohólica porque sintió que no podía defraudar al personaje de su última novela en el momento en que éste mismo abandonaba su propia abstinencia. «Me recriminan, "No hace falta me dicen. Te agarraste un pedo el día que tu personaje recayó"» y él se defiende: «No podía traicionar a mi personaje». Atento a lo que puede llegar a generar lo que dice se apura a aclarar: «Esto no es una postura, porque sigo estando en mi casa en La Paternal, igual que antes, cuando no me conocía nadie.»

Esa misma casa es espaciosa y respira literatura: en sus recovecos oscuros, en la gran biblioteca que completa el espacio donde Ramos dicta sus talleres literarios, en el estudio donde está la máquina de escribir (aclara que todavía no pudo encontrar la forma de escribir en PC) y su pequeña biblioteca de religión y espiritualidad en su estudio y en el cuarto de al lado, donde su mujer repasa el progreso de las ediciones que está encarando Ramos con un nuevo sello editorial que pronto saldrá al mercado.

Así se maneja el escritor, con códigos que son los de antes, con alma de barrio y con gestos de compañerismo que casi obligan a una pronta amistad con él. Al menos una inmensa simpatía. Entramos al almacén, compra dos tarros de Café, se queja del precio de los tomates con los muchachos que atienden el negocio, compra un racimo de bananas y un poco de mandarinas. Dirá que le gustan las frutas muy dulces, que añora Brasil, donde ya vivió un tiempo, donde hay una variedad inimaginable de bananas. Le suman la cuenta, $12,70 le dice el muchacho. Ramos paga con $14 y para redondear la suma busca un par de sobrecitos de jugo en polvo a $0,70 cada uno. «Te debo 10 centavos» le dice al verdulero.

Volvemos a su casa y ahora invita un café y un pedazo de torta de mandarina que le quedó de hace un rato, cuando un amigo se la trajo como ofrenda por haber escrito su último libro (*La ley de la ferocidad*, Alfaguara 2007) y haberlo conmovido del modo en que lo hizo. «Nunca recibí tantos gracias por *La ley de la ferocidad*. Me mandaron muchos mails con títulos así: *Gracias por La ley de la ferocidad*» dice y genera la sensación de estar frente a uno de esos escritores que todavía pueden sentirse orgullosos de conmover a sus lectores. «Yo creo que ese gracias no está dirigido a la estética sino al corazón puesto en esa novela». Continúa con esta idea cuando dice que para él un escritor que cree que «la literatura es una comunicación de un intelecto a otro, no tiene nada de literatura. La literatura es algo mucho más profundo, es la comunicación de un ser íntegro, completo, falente, a otro ser, íntegro, completo y falente. En esa comunicación sucede algo como puede suceder al hacer el amor.»

Pablo Ramos escribe narrativa desde hace unos 6 años (empezó a los 35 y ahora tiene 41). Su primer libro de cuentos (*Cuando lo peor haya pasado*, Alfaguara 2004) ganó dos premios muy prestigiosos: el Fondo Nacional de las Artes (Argentina) y el Premio Casa de las Américas (Cuba). En el medio vivió momentos duros: «Hubo 10 años de mi vida en los que me dediqué a tomar. Trabajaba para tener diferentes marcas de whisky, tomaba cocaína para poder seguir tomando whisky, todo lo hacía en función de tomar. Cobraba una guita, sacaba lo de mis hijos y después calculaba: con esto me compro 3 botellas de *Daniell's*, probaba diferentes marcas y al final terminaba con un tetra-brik tirado en la calle»

Su adicción, también es parte de su forma de ser, de su compromiso completo con todo y todos: «Tengo una energía desbordante. Esta novela la escribí en 1 año y la corregí en 4 meses. Cuando me pongo a escribir escribo 15 horas por día, cuando me pongo a tomar, tomo 15 horas por día.» Así con todo dice y lo demuestra: «Pongo tanta energía en todo lo que hago que si esa energía la pongo en consumir alguna droga termino en una sobredosis».

Antes de dedicarse de lleno a la literatura, Ramos se desempeñó en una gama diversa y extravagante de trabajos: «Hice de todo: canillita, repartidor de flores, electricista, tuve una empresa enorme, fui dibujante técnico, ayudante de cocina, cocinero, mozo, vendí libros en la calle, no terminé la secundaria pero hice de todo.» Aclara que como Roberto Arlt, una de las figuras que más admira del campo literario, el tampoco terminó sus estudios. Y que igual que el anterior, también tiene errores de ortografía en sus originales y que no le da vergüenza mostrarlos, asumirlos y aprender en el camino. «Yo por ejemplo cuando escribo tengo faltas de ortografía, algunas todavía me quedan, no tuve educación y no me da vergüenza mostrárselo a mis alumnos. Sé que no es muy común. Sé que este tipo de cosas se esconden. Mucha gente se muestra ante los pibes que empiezan a escribir como el gran talento al que todo le sale de arriba y eso es muy tremendo cuando a uno le sale un primer borrador muy malo y dice: "¿Cómo habrá hecho éste tipo?"».

La tarde empieza a caer en el caserón que se oscurece con el cielo gris de una lluvia pre-primaveral. La ambientación perfecta para la conversación que ahora nos lleva a las zonas góticas de su narrativa, la oscuridad, los sentimientos duros que inundan sus novelas, pero que él aclara, matiza con mucho sentido del humor. «Me interesa la muerte. Un día cómo hoy, con esta lluvia, yo apenas termino de dar clase me voy a caminar por el Cementerio de la Chacarita. Es mi lugar para pensar.» Luego dice que para él todo eso tiene un aire místico que le fascina, que le acorta los caminos.

Lo veo a Ramos sentado frente mío. Miro sus libros y le hago notar que tiene un par de Bukowski. Me dice que sí, que hay muchos que no lo entienden acá, que para él, es uno de sus pilares. Lo miro de nuevo a Ramos. Se parece un poco a Charles Bukowski. Se parece físicamente (calvo, con pancita, de vez en cuando se calza una gorra de lana parecida a la que inmortalizó el estadounidense en más de una fotografía), se parece en su relación traumática con el alcohol, se parece en el compromiso con su propia literatura y se parece en lo que escribe: violento y dulce al mismo tiempo.

Lo llaman por teléfono. Por lo que escucho que el dice es una futura alumna: una chica que todavía no escribió nada, que quiere aprender. «¿Qué te gusta leer?» pregunta él y luego acota con humor: «Ah, pero empezaste mal si lo que más te gusta es lo que escribo yo».

Cuando corta busca algunas fotos, recorre un cajón lleno de recuerdos. Me muestra una en la que hay una camioneta 4x4 y aclara que es de la época en la que tenía su empresa. Pasan fotos con su padre, fotos con la guitarra (esa otra gran pasión de Ramos que lo llevó a la literatura de la mano de escribir canciones para su banda de rock en la adolescencia), hablamos de fútbol: Racing, Independiente, Arsenal de Sarandí, el barrio. Pasa una foto de Ramos desnudo en un hotel. Su mujer pasa, la ve y le dice que estaba flaco en ese momento, pero que ahora igual es hermoso.

Miro la hora, me tengo que ir. Me despido de él por hoy y quedamos en vernos otro día, para conversar, para volver a empaparme de su voz pausada y clara, para volver a estar cerca de un tipo común, lleno de ideas y con una voz propia y una forma potentes con las que decirlo.

Originalmente publicada en revista *Guapo* (octubre-noviembre 2007)

La dama negra del policial argentino

La "dama negra de la literatura policial argentina" como ha sido llamada alguna vez parece una exageración cuando nos encontramos con Claudia Piñeiro.

En realidad es una de las autoras argentinas más vendidas que, como muy pocas, puede presumir de tener un *best—seller* inmediato bajo la manga cada vez que saca una nueva novela. Desde *Las viudas de los jueves* (2005), novela que le valió el Premio Clarín y que retrató en clave ficcional la vida en el interior de los *countries* por primera vez, viene construyendo un sólido enjambre de relatos policiales donde lo más importante no es siempre lo criminal sino los microcosmos en descomposición que retrata con precisión quirúrgica. Ahora, con una nueva novela en la calle (*Betibú*), se atreve a volver al *Country*, reírse un poco de ella misma y reflexionar sobre el género policial en sí mismo.

A quemarropa, Piñeiro responde al interrogatorio desde la comodidad de un concurrido bar de Palermo.

—Viendo tu obra, todas tus novelas policiales, lo que se puede apreciar es que hacés más énfasis en la construcción de personajes y situaciones sociales antes que en lo estrictamente policial o de crimen. ¿Lo ves así vos también?

Lo que yo me dije y me digo a mí misma es que las mías son novelas que tienen elementos de policial pero que no son absolutamente novelas policiales porque si no, la trama criminal debería estar más en primer plano y más desarrollada. Me parece que en *Betibú* en realidad es en la que más está la cuestión policial. Quizás un poco por eso, por hacerme más cargo de esta cuestión. Es decir, ya que tiene elementos policiales, hagamos también esa parte con más detenimiento. Creo que en mis otras novelas esa cuestión es más una excusa que yo como escritora utilizo para poder encuadrarme en una situación. Es decir: "bueno, esta es la historia que voy a contar pero además hay un montón de otras cosas." Pero la parte policial es la que me permite llevar las cosas. Es decir, se plantea un enigma, hay que buscar una verdad y hacia allá vamos. Pero mientras tanto voy tocando otras cosas.

—Es como si tus tramas secundarias se fueran comiendo de a poquito la parte policial...

Exacto. A mí me parece que sí. De todos modos, insisto en que creo que en *Betibú* está un poco más equilibrado. Por eso también la novela empieza con una muerte y no con otra cosa. Primero la iba a empezar con Nurit Iscar, la protagonista, pero después me dije: "No, la vamos a empezar con la muerte para encuadrarla bien en el género."

—Teniendo en cuenta que esta última novela tuya es la primera que lleva el nombre de tu protagonista en la tapa (sobrenombre en este caso) y que las últimas palabras del libro son también su nombre y apellido, ¿te planteaste la posibilidad de iniciar una saga con *Betibú*, seguir su historia?

Yo nunca pienso en términos de sagas porque cuando termino de escribir una novela, para mí se terminó y quiero pasar a otra cosa. De hecho, lo que estoy escribiendo ahora no tiene nada que ver con esta novela. Sin embargo, me encariñé con estos personajes más que con los de otras novelas mías. De mis otras novelas no tengo personajes que crea que puedan volver a aparecer. Acá la verdad es que Nurit y su socio Brenna, quizás en otra novela podrían aparecer. Pero por ahora no está en mis planes.

—**Hablando un poquito más de tus tramas secundarias, en tus novelas *Tuya* y en *Las grietas de Jara* hay situaciones particulares con adolescentes mujeres. Son historias que desarrollás un poco y siento que no terminás de cerrar o darles una vuelta, quedan un poco más abiertas que los enigmas policiales...**

Lo que me pasa siempre en mis novelas es que tienen adultos muy condenados. Quizás en *Betibú* no tanto. Por eso, siempre me pareció que introducir un adolescente es un modo de introducir la posibilidad de un cambio. Los adolescentes pueden introducir cambios a pesar de haber nacido en familias con adultos "condenados". Pero son otras historias, paralelas y por eso quizás no se desarrollan del todo. Es casi una esperanza más que una historia.

—**Y en *Betibú* el proceso es inverso: depositás quizás más esperanzas de cambio en Brenna que está casi al borde del retiro y en cambio el muchacho joven no tiene ni nombre, es "El pibe de Policiales".**

Me parece que está bastante desarrollado el pibe de policiales, pero es cierto que no tiene nombre.

—Hay una actitud medio burlona hacia ese personaje...
Al principio. Hay quienes lo leen y dicen: "Sí, claro, que bien que sea el viejo el que le enseñe al pibe." Pero para mí hay una reciprocidad. Al principio, él es un pibe que lo único que hace es eso y el viejo lo ayuda. Pero después se van dando cosas que el mayor va aprendiendo del pibe. Es como un vaso comunicante. Lo que pasa es que la resistencia a lo nuevo siempre es mayor que escuchar a algo nuevo ¿no?

—¿Vos en qué posición sentís que te encontrás?
La verdad es que yo me siento bien en el medio. Pertenezco a una generación de la cual ninguna de mis amigas tiene *Twitter*, algunas tienen *Facebook*, pero yo tengo las dos cosas y me interesa y soy participativa. No me gusta quedarme afuera de algo que me parece que está aconteciendo. Entonces por eso me siento muy identificada por esa comunicación entre los dos mundos.

—¿Qué pensás concretamente de las redes sociales?
Lo que siento es que lo peor que podemos hacer los de mi generación es cerrarnos. Por ejemplo el otro día, Enrique Vila-Matas, el escritor español, decía en el diario *El País* que no encuentra nada en las redes sociales, que son el embrollo y el pastiche. Lo entiendo y me encanta Vila-Matas, y lo sigo admirando, pero siento que es una actitud como de resistencia. Al principio a mí también me pasaba. Veía y decía: "¿Qué es esto?" Después me encontré con cosas que valen la pena. También uno puede buscar cosas en otro lado, no es obligación. Lo que no me parece bien es negar su existencia y sus posibilidades y su permanencia. Porque también hay gente que dice que en dos o tres años esto se va a morir. Yo creo que si se muere *Twitter* será porque aparezca otra cosa que lo supere. No porque vaya a morirse para

que volvamos a lo anterior. Es un logro en las comunicaciones que considero, no va a retroceder. No se va dejar de lado. En todo caso se superará por otro.

—¿Por qué volver al *country* después de *Las viudas de los jueves*?

Tiene que ver con poder reírme de algunas cosas que tienen que ver conmigo. El Premio Clarín y *Las viudas de los jueves* me abrieron un montón de caminos pero a la vez, es como que condenó a ese libro en el sentido de que si alguien me para en la calle y me dice: "Leí tu novela", es seguro que se refiere a esa, porque si no, no diría "tu novela" como si fuera la única que publiqué. Además cada vez que pasa algo en un *country* me llaman para ver qué opino, me toman de especialista en *countries*. Entonces una alternativa para mí sería hacer como algunos escritores que se ofenden, correrse de ese lugar y declarar que uno no tiene nada que ver. Casi negarlo. La otra alternativa que tenía era decir: "Bueno, voy a escribir otra novela con *countries* pero que no tiene nada que ver con la que ya hice." Y de hecho, no lo tiene. Ni siquiera desde el punto de vista, porque el punto de vista de *Las viudas...* es el de los que están adentro del country y en *Betibú* es de los que entran al country. Para mi fue tomar este desafío y abordarlo.

—Yo noté muchas notas autorreferenciales en esta novela: la escritora de policiales que es protagonista, el tema de los countries, la mención explícita al caso García Belsunce ¿Sentís que hay algo tuyo en esta novela más que en otras?

Hay un montón de proyecciones. A Nurit Iscar le piden que vaya a investigar este crimen en el *country* así como a mí me han pedido que vaya a Río Cuarto, al juicio a Carrascosa, y todas esas cosas. No las hice, pero la novela tiene que ver con la proyección de estas cosas que me han pasado durante los últimos años. —Parece todo una gran burla al Caso García Belsunce. Empieza la novela y uno dice: "Pero es igual", sin embargo, después lo mencionás al mismo caso en la novela. En realidad lo que yo quería pensar era muchos casos de mujeres que aparecen en la novela, que no han sido resueltos y que en muchos casos el acusado es el marido. La idea era reflexionar un poco sobre eso. Y también tiene que ver con responder los comentarios que me hacen. Siempre me decían si *Las viudas...* lo escribí por ese caso y la verdad es que no, pero bueno, ya que querías tanto, acá les escribí *Betibú*.

—¿Sentís que tenés cierta deuda con la crítica por haberte hecho popular con una novela cuya acción transcurre en un *country*?

No, para nada. La crítica con buenas intenciones leerá las novelas y si les gustan les gustan y si no les gustan, no les gustan. El problema que creo que tenés en general con la crítica cuando tus libros se venden mucho es el prejuicio anterior. El libro lo puede leer alguien y no gustarle y está todo bien. Pero a veces esa lectura ya viene con un prejuicio y a veces eso es lo que es difícil de romper y uno tiene que bancársela. A mí me toca esta. A otros escritores le pasará otra.

—¿Cómo ves al género en la argentina teniendo en cuenta que sos uno de sus referentes?

Me gustan mucho algunos autores de policiales jóvenes que están escribiendo como por ejemplo Leonardo Oyola, que tiene una novela que se llama *Chamamé* que me parece extraordinaria, con un trabajo sobre el lenguaje interesante. Me gustó mucho también *Los restos mortales* de Hugo Salas, una novela que salió el año pasado. Hay un escritor argentino pero que vive en España, se llama Marcelo Luján y tiene una novela llamada *La mala espera*, también esa me gustó mucho. Los tres me gustaron porque hacen un tipo de policial joven en el sentido de que cuentan cosas que yo no podría contar por una cuestión generacional. El de Luján por ejemplo cuenta la historia de unos chicos que se fueron a España en el 2001 y como terminan enganchándose en actos delictivos para sobrevivir. Me parece interesante esa mirada de otra capa generacional.

—La serie de TV *The Wire* revolucionó el género policial. ¿La pudiste ver? ¿Te interesan las series de TV para pensar tus propios texots?

La estuve viendo bastante a esa serie. No vi todas las temporadas todavía, pero es muy interesante. Creo que es mucho más que un policial porque se mete con tantas cosas sociales que lo exceden. Habría que encontrarle una denominación nueva. El otro día lo escuché a Álvaro Abós, en una conferencia en la que estuvimos juntos, diciendo que a él le parecía que no había que hablar más de literatura policial sino de "literatura criminal". No sé, lo que es seguro es que el término de "literatura policial" quedó desactualizado para este tipo de literatura y de series también.

Una versión de esta entrevista fue publicada originalmente en la revista *Rumbos* (n°419, 3 y 4 de septiembre de 2011)

Pánico y locura en Montevideo

Me voy a encontrar con Jorge Alfonso, escritor uruguayo que cuando editó el año pasado su libro *Porrovideo* (Estuario) agitó las aguas del ambiente literario, cultural y político de Montevideo.

Los cuentos que integran su antología tienen que ver, sí, con la cultura canábica y también con la vida de los pibes de esta ciudad que está cerca y que parece el reflejo antiguo de nuestra capital: con cierta melancolía en sus edificios de color gris y el aire fresco que llega desde las aguas que bañan sus costas.

Me desperté cerca de las cinco de la mañana y tuve que correr para tomarme un taxi hasta el centro desde donde de lunes a domingos sale el micro, en diferentes horarios según la época del año, que lleva a Tigre para tomar el catamarán. El "Tiburón del Delta" le digo al bote cuando se lo cuento a mi amigo Martín. Modesto pero funcional. Son dos horas y cuarto de viaje a través del río hasta Carmelo y de ahí unas cuatro horas más hasta la capital uruguaya.

El éxito de *Porrovideo* fue tan grande que sorprendió a todos y primero que nadie, a su propio autor. Tal fue el asunto que la primera tirada - nada despreciable para un mercado editorial como el uruguayo - de quinientos ejemplares se vendió entera y el editor del sello Estuario que también es editor del sello HUM decidió sacar una segunda edición, haciéndolo "subir de división" (y de paso trayéndolo a las librerías de Buenos Aires).

Mientras que Estuario se dedica mayoritariamente a las apuestas más arriesgadas de la literatura charrúa, con profusión de autores nóveles, poesía, teatro y demás géneros que el mercado dictamina "no comerciales", HUM se dedica a nombres de cierto peso, con una obra ya construida, rescatando a grandes voces olvidadas en ediciones inconseguibles o descatalogadas de los sellos grandes. Alfonso se ganó un lugar en esa Primera División.

El viaje en lancha fue corto, dos horas y cuarto y ya estaba en Carmelo. Unos pocos trámites de aduana nuevamente y directo al micro. Ahí se vino el viajecito de unas cuatro horas más hasta Montevideo. Si será cerca Uruguay que la mitad del trayecto, clavados los auriculares del celular en los oídos, escuché radios argentinas con subidas y bajadas de interferencias hasta que ya llegando a las cercanías de Montevideo el dial se acomodó por fin en las frecuencias de las señales locales. Entonces, si realmente estamos tan cerca, ¿Será cierto que acá hay otra actitud respecto de las drogas? El presidente Tabaré Vázquez pertenece a una coalición que se asume de centro-izquierda y eso me ilusionó mientras veía, desde las ventanas del micro, las casitas haciendo flamear banderas rojas, azules y blancas del oficialista Frente Amplio. En poco tiempo más habrá elecciones presidenciales en Uruguay y la campaña política se vive fuerte en las calles, en las casas, en las paredes tagueadas con consignas y colores de los tres partidos mayoritarios: el oficialista y los dos más tradicionales, el Partido Blanco y el Partido Colorado. Quiero preguntarle a Alfonso si desde que está Tabaré Vázquez y si se cumplen los vaticinios electorales que lo dan ganador a su delfín, José "Pepe" Mujica, se vive con mayor libertad el consumo de porro.

Son apenas pasadas las dos y media de la tarde cuando llego a la terminal de micros Tres Cruces. El slogan declara: "Donde se encuentra un país" y debe ser así, porque no para de circular gente que va y viene apurada o se detiene a disfrutar de esta especie de Shopping-terminal que emula a nuestro Retiro pero más limpio y chiquito, ubicada donde termina la Avenida Italia que comunica buena parte de la ciudad.

Me duele la cabeza por dormir poco y mal, y tengo hambre. No comí nada más que las galletitas que daban en la lancha. Lo veo llegar a Martín, el editor de Jorge Alfonso, que rápido me hace salir de la terminal apenas cuando estaba tratando de localizar una casa de cambio y me apura hasta su moto. Nos subimos y por un momento breve me siento muy extraño, como si estuviera en una película de James Bond, apurado para encontrarme con mi contacto en una ciudad ajena. A través del casco escucho que Martín me dice que elegí un día complicado para venir. Es sábado, Día del Patrimonio (los museos y centros culturales abren sus puertas y se hacen fiestas, la gente sale a las calles a recorrer), día de partido Uruguay-Inglaterra por el Mundial Sub-20 y sábado, momento preferido de la semana para que los militantes saquen a las calles sus banderas y cotillón electoral.

Atravesamos la ciudad por la Rambla hasta llegar al Molino de Pérez. No es casual que el primer contacto con Alfonso vaya a ser en esta plaza luminosa, con nenes correteando entre las hamacas y los toboganes, mucho verde y todo enmarcado en una especie de cráter que corta la barranca con precisión alzando una gran pared de piedra y pasto que encapota el predio. Al fondo, siguiendo un camino de grava, el molino que le da nombre: una vieja construcción que se conserva como centro cultural y museo. A una cuadra está la rambla de O'Higgins y la salida al mar que trae el sonido cercano de su oleaje. Es en este marco verde y luminoso donde se producen todos los años los actos del Día Mundial por la Despenalización de la Marihuana; se arma un escenario y se convierte en la sede de un festival que incluye bandas, performances, porro y diversión sana para toda la familia.

Fue durante el festival del sábado 3 de mayo de 2008 que Alfonso saltó al estrellato al presentar en público, y ante una tribuna de unas 6000 personas furiosas tras la perfomance lamentable de una banda brasilera que tocaba *covers* de los Ratones Paranoicos en un portugués de borracho, que leyó su poema *Yésica Yeny Rodriguez* de su libro anterior autoeditado *Cacareos poéticos y poemas de amor misógino*. Algún loco (como dicen acá para referirse a un chabón) filmó la perfomance nerviosa de Alfonso leyendo su poema y ganándose la ovación cerrada de la tribuna (el video se puede encontrar en YouTube) que quedó en la opinión pública como el momento más alto de la noche y que al día siguiente se pasó por radios sacudiendo el debate sobre la situación de la marihuana en este país. Ese día en el Molino de Pérez, el escritor que hasta ese momento la venía luchando desde abajo, haciendo intervenciones poéticas en boliches con un grupo que se denominaba *Seiscincuenta*, editando artesanalmente su primer libro y vendiéndolo en las playas *neohippies* de Valizas para poder pagarse la estadía durante unas semanas, no se esperaba las repercusiones que su lectura iba a ocasionar. "Tenía miedo de que me cogieran cuando subí al escenario" me dice Alfonso mientras caminamos rumbo a una estación de servicio porque se ofreció a comprarme una coca y un sándwich para que almuerce.

"¿Cómo fue eso?" le digo

"Cuando llegué el día del festival, advertí cierto miedo en Martín (el editor) porque esto estaba repleto. Dicen que había cuatro mil o seis mil personas. No sé cuánta gente había pero todo esto estaba lleno. Nunca había estado ante tanta gente. Pasó de todo. Yo tenía amigos, familiares que venían, aparecían, desaparecían... Martín consiguió un loco que estaba en el tema de carnaval, no sé bien. Se suponía que yo iba a subir al escenario, iba a leer un poco del libro y que este otro loco iba a leer otro poco del libro. Pero cuando se empezó a acercar la hora, había una banda brasilera ma' o menos ¿viste? La gente le gritaba, los silbaba. Y yo estaba detrás del escenario, abajo, y me empezaron a dar nauseas, ganas de vomitar. Veía que estaban silbando y pensé: «Si están silbando a una banda, subo yo y salgo embarazado». Todo nervios, miedo, sentía como si hubiera un animal enorme que me iba a manchar. Tenía el estómago destrozado. Llegó el momento, subimos al escenario con el otro loco que también estaba re cagado. Habíamos visto lo que le había pasado a la banda y subimos nosotros. Me acerqué al micrófono, miré a la gente, la gente me miró y alguien me dice: «No, todavía no» entonces retrocedimos, nos quedamos viendo los instrumentos ahí en el medio del escenario como unos boludos hasta que nos dijeron: «Bueno, ahora, vayan ahora». Entonces yo pensé: «Si yo soy una de estas personas que está hace horas, me fumé unos cuantos, me tomé unos alcoholcitos, y me tuve que fumar a esta banda horrible que no terminaba más y encima sube un tipo a leerte narrativa,» pensé «a mí no me gustaría eso». Entonces agarré y dije: «Voy a leer un poema del libro este artesanal». Porque pensé que estaba bueno colgarte con algo que no fuera narrativo, algo poético. Lo leí sin parar, terminé y dije: «Bueno gracias» y ahí cuando terminé, silencio. Hubo un clamor de la tribuna y aplausos, aplausos que no paraban más. Yo estaba tan tarado que no lo sentí. Me enteré después, cuando lo vi que lo habían subido a YouTube." Alfonso cuenta esto y su cara se ilumina, o es el rayo de sol que le pega justo en la cara mientras cruzamos la calle. Unos militantes del Partido Blanco nos quieren dar su merchandising y él los rechaza con educación pero apenas los pasamos hace un gesto de asco: "puaj, me rozó la bandera al pasar".

"Estos son de Lacalle" le digo "¿no"

"Sí."

"¿Y cómo es la onda con ellos, con los blancos?"

"Lacalle es un culo roto. Punto. No hicieron nada mientras estuvieron. Quieren volver para volver a no hacer nada. Y criticar lo que hacen los otros. ¿Y vos? ¿Qué hiciste? Nada. Esa es la historia acá". Entramos en el mercadito de la estación de servicio y me ofrece una cerveza, pero le digo que prefiero una coca. "Para mí si una cervecita" me dice "me vas a disculpar pero necesito tomarme una". Le digo que está todo bien y volvemos con la bebida al parque. Nos sentamos en el pasto, alrededor de los pibes que juegan, los padres que los observan de cerca, bajo la sombra de algún árbol. Destapa la botella con el encendedor "Este encendedor es tan malo que ni para esto sirve" dice.

Me cuenta su pasado de poeta autoeditado, cómo pasó por siete editoriales que le rechazaron el libro y siempre la sospecha de que el rechazo no tenía que ver con su calidad literaria (después de todo, puede dar constancia de haber ganado "un montón de inútiles premios literarios" por otros cuentos) sino con el contenido porrero del mismo. Me va a decir que acá hay mucha hipocresía, que la gente fuma porro, le gusta, que todos, en todas las clases sociales lo hacen, pero que lo esconden. Que muchos leen su libro pero a escondidas, que por el hecho de que el libro mezcle el porro y la capital uruguaya en una sola palabra fuera una vergüenza a ocultar.

Al día siguiente del Molino de Pérez, la Radio Océano, una de las más oídas de la FM local subió la grabación de Alfonso leyendo el poema. Estaba en su casa cuando lo llamaron para avisarle y no lo podía creer. Fue el comienzo de un raíd mediático. Esa misma tarde lo invitaron a una entrevista para Canal 5. A los apurones se bañó, se subió a la moto de Martín y fueron para allá armando un porrito para darse ánimo."Era un programa de tarde, tipo talk-show para señoras que miran esas cosas. Muchos entrevistados, en vivo todos, y tá, yo estaba otra vez con las nauseas y entonces me quería poner atrás de un escenario para vomitar. El conductor empezó a hablar y me empezó a preguntar por la marihuana. Primera entrevista que vas a la tele y el tipo te pregunta: «¿Qué sentís cuando te fumás un porro?» y yo quedé así... y entonces reaccioné rápido y le dije: «¿Qué, vos no fumás?» Así. Después el tipo dijo: «Nuestro Presidente nunca permitiría... porque si él no permite el tabaco...» entonces yo le dije «A nuestro Presidente le haría buena falta fumarse uno»".

***

Esa primera entrevista lo llevó a varias más. Le estaba recomendando al Presidente de Uruguay que se fume un porro y no lo pararon, lo invitaron a otros medios. De repente, un tipo que hasta ese momento había sido, según él mismo, "el último orejón del tarro, un sorete partido a la mitad" se había convertido en una figura pública porque se había atrevido a sacarse la careta en una sociedad en la que no está penalizado el consumo personal pero sí todo lo que está relacionado con eso.

En Uruguay dicen que la marihuana está "tolerada" no legalizada. "Un milico te puede llevar si te encuentra con un sólo porro" me dice Alfonso y se arma un cigarro de tabaco. Es ilegal comprar y plantar y al no haber estipulado cuántos gramos se consideran "consumo personal" la policía te puede meter adentro y uno depende del humor o la postura ante el tema del juez que te toque para quedar como un ilegal por consumir tu marihuana. "Para mí ya es un tema, hasta ocioso de hablar. Simplemente creo que si sos mayor de edad, vos disponés de tu cuerpo y decidís. Si te querés meter un palo en el orto te lo metés. Y no hay Estado, ni Dios, ni Rey que pueda venir a decirte qué podés hacer con tu cuerpo. Pero ¿viste como es? A veces pareciera que el Estado es como tu papá que te dice qué es lo que tenés que hacer y qué es lo que no tenés que hacer. Pero ya está. Si vos lo vas a hacer igual. Como en la época de la Ley Seca. ¿Los tipos dejaron de consumir alcohol por la Ley Seca? No, lo que hicieron fue consumir alcohol clandestino hecho en quién sabe qué condiciones. Entonces me parece que todo esto de las prohibiciones es una estupidez. Si vos te querés meter un palo en el orto, te lo metés. El Estado puede legislar qué condiciones debe reunir el palo antes de que te lo metas. ¿Entendés? Es como el alcohol. Yo compro esta cerveza" dice y agarra la botella "y sé que pasó por unos procesos de calidad. Sé que no es pichí, que no es mierda. El tema es que cuando no, entrás en todo lo clandestino. Que tiene su encanto también, tiene toda la parte mágica de uhhh, voy allá y consigo acá y todo eso. Pero estaría bueno que si el Estado te quiere defender lo que defendiera sea la calidad de lo que vos vas a consumir. Que te cuidara a través de que lo que vos consumís sea bueno. Y además, la guita que harían en impuestos. Como el alcohol, el juego... A un amigo lo agarraron y le preguntaron «¿Cuánto consume usted?» Y él les dijo: «Yo fumo uno a las siete de la mañana, uno a las nueve, uno a las once, uno después de comer, uno a media tarde, uno antes de la noche, dos o tres después...» entonces, claro, el tipo tenía un montón pero era para consumo personal. Acá se basan en el criterio del juez. Te pueden mandar adentro por tener dos porros y hacerte mucho daño. La legislación es estúpida. Vos podés fumar, pero no podés comprar, no podés cultivar, pero si cae del cielo un maná celestial verde, vos podés consumirlo." Entonces le pregunto si un milico te encuentra con ese maná celestial verde, fumándolo para consumo personal, si igual te pueden llevar. "Claro. Depende del juez. Todo depende del juez y del ánimo del milico" Le digo que no parece tan distinto a la situación que vivimos en Argentina. "Mirá, en tu país es distinto. Una vez fuimos con un loco que había ganado un montón de plata de una indemnización. Y pasamos una semana, diez días ahí, bárbaro. Me acuerdo que fuimos a una plaza y nos pusimos a fumar uno y me acuerdo que la gente nos miraba como si fuésemos extraterrestres. «¿Y esto?» le dije a mi amigo. «No sé, será que no los dejan fumar» me dijo mi amigo «Por eso nos miran raro. ¿Vos has visto a otros fumando?» No, no habíamos visto a nadie y habíamos estado por el centro varios días. Es todo una estupidez. El mismo consumidor necesita estar protegido ante la inquina o la bronca de un juez. Acá la gente fuma en todos lados. No te miran raro. Yo tengo amigos veteranos que vivieron la época de la dictadura y están todo psicóticos, que no querían venir acá al Molino a la marcha porque pensaban que los iban a filmar y de repente llegaron acá y vieron que no había ni policía."

Está empezando a hacer frío a la sombra. Nos levantamos y bajamos para la playa "Es el refugio sentimental de los uruguayos" me dice.

***

La playa montevideana, hay que decirlo, es la envidia de cualquier porteño. Nos hace preguntarnos por qué construimos una ciudad que le da la espalda al río, algo que no sucede en ningún lugar del mundo, por qué rechazamos la libertad y liberación que pueden sentir ellos aunque el agua marrón del Río de la Plata tenga el mismo color desalentador en ambas costas. "A mí no me importa que estas aguas no sean cristalinas como en otras partes. Es nuestro mar." me dice Alfonso. Se lo nota tranquilo y excitado, solidario con este cronista. En las casi doce horas que vamos a pasar juntos no va a dejar de tratarme como a su huésped, un invitado de honor "Como dice un amigo, hay gente que albergó visitantes y sin darse cuenta, estaba albergando ángeles. Además, acá en Uruguay había una propaganda" dice mientras saca de la mochila una cartuchera que abre para descubrir unos porros que acomoda paciente en una piedra "decía que al turista había que tratarlo como a un amigo y ponían a un tipo sonriéndote."

"Mi historia es la del pobre pichi de la película yanqui, que toda la película se la pasan cagándolo a pedos y que todo el día está mal y atacado por todos hasta que un día sale y es como el patito feo que en realidad era un cisne. Eso es básicamente. Un pobre diablo que un día apareció y logró no sé... estar ahí. Todo lo que venga está bien. Después de haber vivido lo que viví y haberme comido los mocos tantos años, todo está bien." El cuento del pibe de clase media baja, de barrio obrero de las afueras de Montevideo que se iba todos los días varios kilómetros en bici o a pie al taller literario donde conoció a los amigos con los que hoy se junta a fumarse unos porros y a su mujer, Claudia, que aporta al sustento su sueldo de empleada administrativa de un juzgado se cuela en la conversación.

Sigue siendo un tipo humilde Alfonso, no se la cree, está como grogui, como si el suceso de su libro lo hubiera agarrado con las defensas bajas. Me cuenta de su libro, tuvo algunos problemas con el título en especial: Porro-vi-deo. "Gente que ven el libro, ven el título y ven *Porro* y dicen «¿Qué es esto?»" Le pregunto si le trajo alguna pérdida de amistad o algún problema con sus suegros (a los que ya me mencionó jocoso un par de veces) el haber publicado un libro así y sonríe, se le ven ganas de decir algo pero se calla, dice que no porque lo suyo es literatura, no apología del porro. Que este es su tercer libro y que el hecho de que lo tomen sólo por el tema de la marihuana también le hincha un poco las pelotas. Resulta paradójico: los mismos que le rechazaron editar *Porrovideo* por su temática, su título, su porro tan presente y molesto para los ánimos de conservadurismo hipócrita de ciertos sectores de la sociedad uruguaya, que rechazaron editárselo aún pagando él por la edición, son los que ahora lo terminaron editando dos veces: una primera en una antología y la segunda hace pocos días, por haber ganado un concurso literario. Ironías que Alfonso señala con una sonrisa.

Ahora manda unos mensajes con el celular, dice que tiene un amigo con el que compartió un taller literario llamado *Los escarabajos nocturnos* y que podríamos ir a la noche a lo de él, que vive en el Cerro, un barrio de "guapos".

El clima de campaña política está muy instalado y me comenta que no quiere ni pensar en la posibilidad de que estas elecciones las ganen los blancos. Le pregunto entonces si hubo avances en lo que respecta a la legalización con un presidente de centroizquierda como Tabaré Vázquez. "En ese sentido no se ha avanzado. Sigue lo mismo de siempre. Siguen manteniendo la misma hipocresía que se mantenía desde antes. Nadie se anima a dar el primer golpe. Batlle, que era el presidente anterior, Colorado, decía que quería legalizarla. Pero hay mucho miedo en torno a eso porque sigue esa estúpida postura de que «¡ay! la marihuana no sé si es mala pero es un pasaporte a otras drogas». Una estupidez porque si lo mirás estadísticamente, hay miles y miles de usuarios de marihuana que no pasan a otras drogas o coquetean pero no se pasan y que son consumidores, pagan sus impuestos, hacen una vida normal, ¿entendés? Ese es el tema. En realidad no va a pasar nada, pero nos insertan siempre los miedos. Por eso avanzamos tan lento. Hacer una cosa nueva genera un «¡Ay! ¡Entonces Qué va a pasar!»" se pone a imitar la voz de una vieja cheta "«¡Ay! ¡Se va venir la debacle! Van a venir a matar viejas en la calle, ¡van a venir a violar monjas!»" vuelve a la voz normal "Hay miedo porque acá las viejas prenden el informativo y escuchan, yo que sé, que un tipo violó a un viejo catorce veces y no sé, le metió la mano por el culo y se la sacó por la boca y entonces esta viejas dicen (*con vos impostada de nuevo*) «¡Ay! ¡Eso es por culpa de la droga m'hijo! ¡Ay! ¡Las drogas los dejan locos! ¡Antes no pasaba!» y no, claro, antes pasaba pero no te lo decían. Ahora los informativos tienen como media hora más que es todo policiales. Entonces la gente que no tiene relación con la vida real más allá de los informativos, cree que lo que ve ahí es lo único que pasa, entonces la realidad es esa. La realidad es que andan tipos haciendo daño y violando gente porque se drogan. Porque acá el "brillante" periodismo investigativo de Uruguay descubrió la pasta base que hacía años que estaba dando vueltas. Pero ahora descubrieron esto que «¡Oh! es un cuco» y ahí ya se mezcló todo. Metieron todo en la misma olla. Todo es lo mismo. Un tipo que se fuma un porro en una plaza o un tipo que anda haciendo carteras para pagarse su adicción a la pasta base. No se discrimina y hay que discriminar las cosas. Hay gente que son consumidores desde siempre de marihuana y no producen ningún mal a la sociedad. Pagan sus impuestos, tienen hijos, trabajan. Lo que pasa es que no se muestran. Es gente que no vas a ver en el Molino de Pérez. Porque no van a ir, porque tienen miedo de quemarse."

En Uruguay, el consumo de marihuana no es exclusivo de lugares, sectores, fechas en Montevideo. Está en todos lados. En los estadios, en la playa donde vienen a descansar después de un día de trabajo, donde es posible ver gente de traje y corbata fumándose uno alguna tarde. La tolerancia que hay con el porro no es una tolerancia legal sino social y no parece haber una explicación sobre el tema. Al menos Alfonso no la tiene. Pero es cierto, acá se ve a la gente mucho más libre, fumando en cualquier lado, saliendo de un bar un ratito para fumarse un porro en la puerta. Nadie dice nada. Más allá de ese delgado límite interpretativo, el vericueto legal por el que se filtra la represión ideológica de unos jueces que interpretan "consumo personal" del modo que les viene en gana, sí es legal consumir mientras sea para uno mismo. "Increíblemente, eso es algo en lo que ustedes los argentinos están más atrasados que nosotros." me dice "nosotros copiamos lo que vemos de allá. Pero hay algo en lo que los hemos aventajado."

"Si gana el Frente Amplio, ¿Ves más chances de un avance en este tema?"

"Yo no tengo esperanzas de nada. Me da igual. La gente va a seguir fumando. Sea quien sea quien gane y la legislación que haya. No importa. Acá nadie se anima a dar el primer paso. Esto es como los pingüinos cuando van a entrar al agua. ¿Vos sabés lo que hacen por los predadores? Se van empujando para que entre primero alguno al agua. Si no se lo comen los predadores, entonces se meten los otros. Pero ¿quién le pone el cascabel al gato? Ese es el tema."

Alfonso no espera nada de ninguno de los tres partidos mayoritarios. "Todos son partidos políticos. Todos se cuidan ¿viste? Se cuidan de no quedar pegados. Entonces, lo que van a hacer es que si en algún momento es tan evidente y masivo, quizás alguno se la juega. Pero tienen mucho miedo porque quizás eso puede ser usado por la oposición como una forma de atacarlos. Entonces hay mucho miedo de todas partes. Todos tienen una postura pseudoliberal pero en el fondo... mhhhhhhh... ¿entendés?"

"Contame qué pasó con Batlle"

"Él decía que estaba a favor de legalizar la marihuana. Él le recomendaba a la gente que vieran la película *Traffic*. Vos ves esa película y te das cuenta que no hay forma de parar el narcotráfico, por más dinero que se invierta. Pero no sé. Hay mucho miedo. Quizás hay cierto miedo de que esto se llene de argentinos que vengan a fumar acá." Me cambia la cara en una mueca y me reta: "Bo, no te rías, es en serio."

Levanta un porro de la roca donde los apoyó y lo enciende. El viento es fuerte, lo tapa con la remera hasta que lo tiene encendido y se lo lleva a la boca. "Este lugar es nuestro espacio de reflexión. El lugar donde te sentás a pensar y te sentís mejor. Y te fumás uno. Aunque te lo fumás en cualquier lado. Acá está todo el mundo fumando. Quizás te ves a un pastabasero también o a un loco jalando pegapren al costado de una roca. Este es el *real world*, bambi."

"¿Y acá hay convivencia pacífica?"

"En todos lados hay convivencia pacífica. Porque acá, lo que tendría que evolucionar la sociedad, en este sentido solamente, es que debería volverse neoyorquina. En el sentido de a que a nadie le importe un sorete lo que hace el otro porque ahí ves a un tipo con una cresta rosada y atrás hay, no sé, otro con un palo en el orto y a nadie le importa nada porque tiene cosas más importantes que ocuparse de la vida de los demás. Pero acá está lleno de gente que no tiene nada mejor que hacer que ocuparse del tipo que vive al lado. Ese es el problema de acá. No tienen vida propia, entonces disfrutan de la vida a través de criticar lo que hace el vecino u observar al vecino meticulosamente."

En Uruguay dice Alfonso, hay mucha gente vieja y eso explica el ánimo conventillero. La gente joven se fue y con ellos la esperanza de una mayor tolerancia. Esto que dice me hace acordar a uno de los mejores cuentos de *Porrovideo*, uno que se llama *Soledad a la manera de Chéjov en los tiempos que corren* donde cuenta con un sentido del humor fino que atraviesa todo el libro y que ahora lo siento en su forma de hablar, como la vieja de un pibe es antiporro y termina drogada con alcohol y pastillas sin darse cuenta, haciendo papelones frente a su hijo y los amigos que se escapan a fumar marihuana en el cuarto.

"Acá los jóvenes se han ido. A España, Australia, Estados Unidos... se han ido a la mierda. Porque no han encontrado forma de sustentarse económicamente acá y se fueron."

Si hay una juventud que se fue y una generación más grande que quedó, no puedo dejar de preguntarle sobre una de las costumbres más arraigadas de los uruguayos: su adicción al mate. ¿Hasta qué punto una adicción al mate está aceptada socialmente y responde a una generación en retirada y la marihuana es parte de un código juvenil?

"Pero el mate lo comprás en cualquier lado. Es la hipocresía ¿entendés? La hipocresía y el miedo a lo nuevo también. Es eso."

¿El mate está asociado a gente más grande y el porro a la juventud? Le insisto con mi idea. "Te sorprenderías" dice misterioso y me cuenta que tiene ganas de llevarme a la casa de unos locos donde está parando últimamente, que son los que aparecen en ese cuento del que me acordaba hace un rato. Tipos que tienen todos más de cuarenta años, ex militantes izquierdistas, exilados durante la dictadura y vueltos acá. "Básicamente ellos, ahora, fuman marihuana y juegan al chorizo que es un juego de cartas parecido a la escoba del quince". Le digo que sí, claro que me interesa que me lleve a lo del Marcelo, el hijo de la mujer que se pone a bailar borracha en el cuento. Una historia real. La señora no se había dado cuenta pero parecía drogada con LSD.

En Montevideo todo el mundo fuma porro. Eso me lo dice Alfonso. Clases altas, clases bajas, desplazados, todos. "Hay gente muy mayor que fuma. Lo que pasa es que es gente que se cuida mucho porque al relacionarse con gente de su edad, tienen miedo de quedar mal catalogados. Hay muchísima cantidad de fumadores *undercover*. En cubierto. Lo que pasa es que se cuidan. Nunca comprarían mi libro porque empieza con porro, pero quizás lo leerían de costado. Es el miedo del pingüino que no se mete al agua. Pero si ven que otro se mete y ven que no aparece la orca, se meten todos."

Le suena el celular. Es su amigo del Cerro. Propone una tertulia poética a la noche. Su amigo es escritor, cantante, compositor, manager de bandas, director de un taller literario y alguna vez estuvo metido en movidas "medio turbias". Vive en una pensión ahora, pero supo vivir en la calle sin que eso le molestara en lo más mínimo. Un tipo conectado con todas las movidas artísticas. Me cuenta anécdotas del taller literario que hacía este tipo. Un taller al que concurría un policía que no curtía el porro, pero que igual se metía en ese ambiente, ahí, en el Cerro, un barrio medio jodido. Tenían otras dos compañeras de taller sordas que se turnaban para ver a quién le tocaba usar el único audífono del que disponían en cada oportunidad.

El viento está pegando fuerte. Son cerca de las cinco de la tarde y la luna está clavada en el cielo azul despejado desde hace horas. Me sugiere encarar para la casa de Marcelo, y yo que ya tengo frío en la playa le digo que claro, cómo no. Caminamos. Subimos por el barrio Malvin. Es un barrio de casas lindas, enrejadas, con cercos electrificados. Alfonso me cuenta que la gente está viviendo asustada por la inseguridad, que los medios de comunicación les llenan la cabeza y ellos se asustan y se encierran entre los muros. Es el temor a los "planchas", los "pibes chorros" nuestros. Chabones que se calzan gorras deportivas y lo que en la jerga se diría "buenas llantas" o championes como me dice él, y que copian el estilo de la Cumbia Villera nuestra. También exportamos modelos de caco parece ser. Se ríe, dice que la gorra que está usando es re plancha, pero que él la encontró tirada en un bosque de un balneario cheto. Y se queja de que ahora que está en el centro de la escena, todo lo que hace es mirado y evaluado por los otros. Me dice que ya no se puede ni fumar un porrito tranquilo como antes, que ese, su estilo de vida, ya no le pertenece porque en algún punto, es parte de la construcción que otros hacen de él: el escritor drogón. El escritor plancha. Su forma de vida se transformó en un recubrimiento externo, en la forma en la que los otros lo ven y lo definen, lo ningunean o lo critican. Su forma de vida de todos los días, de pibe tranquilo, amigo de fierro, sin complicaciones, con gusto por fumarse unos con su grupo, calzarse la gorra Nike que encontró tirada y ser feliz sin complicaciones pasó a ser en el discurso de los que lo ven de afuera, pura pose. Y eso le rompe mucho las pelotas.

A este barrio venía a un taller literario, me cuenta. "Yo había ido de Paso Carrasco donde vivía a Carrasco a comprarme unos juegos de computadora. Y encontré una revista que decía "Malvín Hoy". Abro la revista y había una invitación para un taller literario. Lo daba una mujer que se llama Sunny Brandi, que lo daba por acá, a unas cuadras de acá. Entonces yo me largué y estuve años viniendo. Después venía tanto que ya ni me cobraba la pobre vieja. Creo que pagué dos meses nada más. Venía como una especie de becado. Y me venía desde Paso Carrasco en bicicleta hasta acá que eran unos cuántos kilómetros. Me venía y me volvía viste, cagado de frío. Por eso te digo, lo hacés porque te gusta. Porque la literatura siempre es un vicio. Entonces lo hacés por eso. Vos fijate que me dio todo el taller: me dio mi vocación y hasta mi mujer. A mi mujer la conocí ahí. Después estuve años viniendo. Y después pasé por dieciocho mil talleres. Pero es como la primera vez. La primera vez es incomparable e incomprable."

La campaña política se cuela en todos lados y pienso cómo se llevarán estos vecinos que uno tiene una bandera del Frente Amplio en la puerta de su garage y el otro, en la puerta de su propio garage calcado (son dos casas que parecen haber sido construidas a partir de los mismos planos, gemelas separadas al nacer por un enrrejado), exhibe una bandera del Partido Blanco. Llegamos a la parada del colectivo y lo esperamos mientras él le manda mensajes a Marcelo que todavía no dio el "Ok" para que vayamos a su casa. Pero Alfonso está acostumbrado a parar todos los días por la casa de su amigo, por lo que me dice "nos mandamos igual, de última quedamos más o menos cerca de su casa". Nos subimos al colectivo y él paga los boletos de los dos al guarda. Tienen un sistema raro en Montevideo: el conductor por un lado y un guarda sentado en perpendicular al pasillo, en el primer asiento, que cobra los boletos. Los asientos se disponen en dos hileras de dos cada uno y algunos aparecen también, caprichosamente, en perpendicular respecto del pasillo. No entiendo por qué: me parece sumamente antieconómico poner a un tipo a cobrar boletos. Será por eso que cada boleto cuesta unos 16 pesos uruguayos que es un poco más de 3 pesos de los nuestros o será porque en este país todavía respetan la dignidad del trabajo humano frente a la fría mecanización de una máquina que gana en eficiencia y economía pero, evidentemente, hace que un colectivo argentino genere exactamente la mitad de las fuentes de empleo que uno uruguayo.

El colectivo se empieza a llenar y Alfonso recibe un mensaje de Marcelo."No está en la casa. Está en el velorio de una prima. Mejor nos bajamos". Se nos acaba de cortar el plan pero me dice que estamos cerca de su casa, que pasamos por ahí, descansamos un rato y después a las ocho que es la hora que le dijo Marcelo que iba a volver, podemos pasar por ahí para encarar más tarde para el Cerro a verlo a Gabriel, su amigo que nos invitó a la tertulia poética. No hacemos mucho a pie cuando justo frente a una canchita de fútbol cinco con el nombre "La Bombonera" le llega otro mensaje de Marcelo. Le dice que ya está en su casa. Damos media vuelta y de nuevo encaramos para allá. Vamos a pasar frente al Cementerio me dice y me cuenta que "Una vuelta nos metimos adentro y nos fumamos unos ahí, entre las tumbas".

***

Se vanagloria de que el cementerio de Montevideo tenga vista al mar y en seguida parece cambiar de opinión: "El cementerio implica la estupidez del Ser Humano. Construyendo cosas para cuerpos que se están haciendo polvo. Gastar dinero para mantener un espacio para cuerpos que se están haciendo polvo. Edificar un monumento en recuerdo del polvo. Es parte de la ridiculez de acá. Y de todas partes""

¿Y dónde más se fuma aparte de entre las tumbas y la playa?" le tiro.

"¿Dónde se fuma porro? Mirá, en esa casa seguramente se fuma porro. O si no, la hija del que vive ahí, seguramente fuma porro cuando se va con su novio. Después llega a su casa y se hace la sota «¡No mamá! ¡Yo nunca fumaría esa porquería! Eso es para los pichis, no, no, no.» Ahí, en ese auto seguro también se fuma porro. En ese depósito de residuos seguramente también uno prendió uno. En el estadio vas y te marea la baranda a porro que viene de todos lados. Si vas a la casa de amigos, adentro de la casa fuman, capaz que afuera no se animan a fumar. Capaz que nunca irían a un acto pro-legalización. Capaz que si se presentan frente a sus padres les dicen: «Ay, papá, ¿Viste qué horrible? Ese tipo, ese tipo para mí que estaría drogado.» Después van a la casa y ¿sabés qué? capaz que se meten, no sé, se fuman un veinticinco juntos, un tres hojillas. Pero en todos lados hay. Estos que están ahí (señala con la cabeza a unos pibes sentados en la pared de un monoblock de ladrillo naranja expuesto) están fumando. ¿Entendés?"

"¿Qué tipo de porro se fuma acá?"

"Cualquier tipo. Lo que venga. A veces se fuman buenos y a veces no tan buenos. He oído que la mayoría de lo que llega es paraguayo. Esas porquerías. A veces llegan otros que están buenos. Sé que hay cultivadores acá y que ese es el bueno. Lo hace el tipo que sabe cultivar. Pero igual yo no sé, si yo no voy a comprar. A mí me cae del cielo. Viene un helicóptero y cae y yo siempre lo encuentro y lo fumo de ahí. Porque comprarlo no está permitido. Comprar es un delito. Lo único que no es delito es fumártelo. Pero ¿cómo mierda te lo vas a fumar? Porque en el supermercado no venden. Entonces no sé cómo."

"¿Dónde se vende?"

"En todos lados. Te sorprenderías de los lugares donde se consigue. En cualquier esquina, en cualquier parte. Acá nomás a unas cuadras hay locos que están pasando pasta base. Y bueno, bien por ellos."

Nos metemos en el jardín que tapiza el espacio entre los monoblocks. Es el barrio de Buceo y le pregunto si alguna vez vio la serie de *The Wire*, sobre unos tipos que transan drogas en un barrio muy parecido a éste (al menos en los capítulos que vi que son de la primera temporada)

"Ahhh, mirá... hay una película con John Turturro" empieza pero nos distraemos con unos perros vagabundos de pelaje dorado que pasan al lado nuestro. Hay gritos lejanos de nenes. Gente tomando mate en la puerta de algunas unidades de viviendas. Me siento transportado a un conurbano bonaerense más idílico que reemplazó el gris hormigón de los monoblocks de La Matanza por un color más vivo.

Alfonso es fanático de Peñarol, pero el tema del partido Uruguay-Inglaterra que ya se está jugando no parece importarle en lo más mínimo. Ni siquiera se sobresalta cuando pasando por la puerta de un monoblock frente al cementerio un flaco saca medio pecho afuera de la ventana y grita el golazo (una tijera impresionante de Tabaré Viudez) que acaba de meter el equipo Charrúa y que sellará el que será el resultado final de 1-0.

"Acá la intelectualidad también fuma porro." me dice pisando los sonidos de una cumbia que sale del grabador de un tipo que prepara un asadito en la puerta de su casa.

"En Buenos Aires creo que la intelectualidad curte más la onda de la merca" le digo.

"Ah, mirá vos. Quién sabe lo que haríamos nosotros si tuviéramos mayor poder adquisitivo."

"¿Relacionás la cocaína con el nivel adquisitivo?"

"Es una droga de mierda ¿entendés? Es una droga, cheta. Una droga careta. Eso es la cocaína. Una droga que fomenta el egoísmo. La marihuana es distinta, fomenta lo contrario. Es como cuando te vas a ver una película y decís: «La vi solo, qué cagada, no tengo a quién comentarle esta escena.» Es lo mismo. ¿Cuál es la gracia de fumarse un faso solo? No tiene ninguna gracia. La cocaína fomenta lo contrario. Fomenta el egoísmo, el tratar de tomar más que el otro, ver cuánto queda. Es una droga para idiotas."

"¿Habría que legalizarla igual?"

"Que cada cual haga de su culo una bicicleta."

Me muestra ahora otros monoblocks. Estamos frente al cementerio que tiene las puertas cerradas.

"Es sábado a la tarde..." dice

"¿No era el día del Patrimonio?"

"Y... considerarán que los muertos no son patrimonio. ¿Quién quiere ir a ver a los muertos el día del Patrimonio?"

Los monoblocks entonces, estas construcciones entre las que nos movemos, fueron construidos ganándole terreno al dichoso cementerio. En algún momento levantaron las tumbas y lo que había en ellas y se pusieron a hacer edificios para albergar otro tipo de gente, un poco más animada que los antiguos residentes. Me corre un escalofrío morboso por la espalda.

En una de estas unidades de vivienda, vive Marcelo y se reúne la barra de Alfonso todos los días. Tocamos el timbre y nos hace subir. Dos pisos por escalera y siento un *deja vú*. Hace varios años conocí en La Tablada otro monoblock por adentro y es todo casi idéntico, el mismo diseño de vivienda popular para la clase obrera. Los mismos pasillos, las mismas escaleras sin ascensor, la misma doble puerta de entrada, el mismo diseño de los departamentos.

Alfonso Me presenta a la barra: Toto, Ricardo, Juan, otro Rircardo, Ernesto y Marcelo, el dueño de casa. Están viendo como termina el partido de Uruguay mientras arman en la mesa. Alfonso se mete al cuarto del fondo que uno de los chicos le alquila a Marcelo desde que quedó sólo en el departamento cuando su madre murió. Lo sigo y entramos en un cuartito con una guitarra eléctrica con una chala pegada en el lomo colgada de la pared, una plantita chiquita, un equipo de luces que le pone onda al asunto. Nos cagamos de la risa un rato y volvemos a la mesa con el resto de los muchachos. No sentamos y les pregunto a ellos qué opinan del tema de las elecciones, si habrá alguna chance de que se legalice. Me comentan que dentro del Frente Amplio, la Juventud Socialista y la Vertiente Artiguista proponen discutir el tema. Los blancos pusieron en el programa la legalización con fines terapéuticos. Parece ser que en la cuestión terapéutica hay acuerdo para legalizarla y que incluso ahora los médicos te la recetan a escondidas. Alguien me dice que un profesor de la facultad tenía razones terapéuticas para consumir y entonces el loco salía de la clase y se ponía a fumar uno ahí mismo.

Toto, morocho grandote, cara de disfrutar mucho del porro ("Este se fuma todo lo que le den" me dice uno señalándolo socarrón) me dice algo acerca de la "contención de las injusticias de la sociedad" pero ya me pierdo y no entiendo bien qué está pasando entre tanto que se habla en voz alta. Se cuentan anécdotas, me quieren llenar de buenos relatos para que los trasmita. Me cuentan cosas de Juan Carlos Onetti, el gran escritor uruguayo, ya fallecido, acerca de cómo a un profesor de taller literario de Alfonso que lo había ido a ver le dijo con voz de borracho desde la cama y mientras lo pateaba: "Muere cucaracha". Y se cuentan otras varias anécdotas acerca de Onetti que era un viejo borracho y mal parido pero que se sabe, era un genio escribiendo. Entonces Alfonso se acuerda de una anécdota de una mujer de sociedad con el que tenía una amistad: "Era una mujer muy veterana que tenía artritis o algo por el estilo. Entonces me dice, tá, «Escuché que es buena para la artritis.» A ella no le gustaban para nada estas cosas. Y tá, entonces yo agarré y justo no tenía nada. Pero tenía un amigo al lado que tenía algo, entonces le dije, «¿No me das uno?» y él me respondió: «Sí, ¿Cómo no? tomá, pobre vieja, que se haga la cabeza.» Me regaló uno y yo fui a dárselo a la vieja, le dije «Tomá, te regalo esto, no me des nada, tá todo bien, no me lo pagues, yo te lo regalo.» Se lo fumó. Pero el tema es que a los dos días me llama y me dice: «¡Esto es muy poco! ¡Conseguime más!» pero ahí le dije «No, no, no, conseguite vos. Yo tampoco me dedico a traficar. Te lo llevé de onda.» Nos reímos. Y cuenta otra, de un amigo que estaba todo el día: "«No, no, no me gusta.» Hasta que un día también, «a ver, dame uno» estábamos ahí en el Molino, le di y le gustó. Fui un par de veces al trabajo del loco y el loco me decía: «¿Trajiste faso no?» Ya estaba predispuesto a que yo tenía que llevarle. Y me pidió que le consiguiera. «No, conseguir por tu lado», le dije. Las anécdotas empiezan a fluir. El faso forma parte de sus vidas cotidianas y lo viven con esa cotidianedad pese a las prohibiciones y persecuciones. "Tengo un par de amigos veteranos que escucharon que es mejor coger con faso y me han pedido. Pero yo no me dedico a eso. Yo soy escritor."

Se cruzan las voces. Todos cuentan algo: fumar en el laburo, fumar después de laburo; Toto que trabaja con electricidad dice que él no puede fumar mientras hace lo suyo. Hay clima de fiesta. No hay mate en la mesa, hay faso, bolsitas de tabaco (la mayoría se arma sus propios cigarrillos. Uruguay es uno de los países con mayor índice de tabaquismo y también un lugar donde el atado es carísimo).

"Cuando yo era un mozuelo", empieza Alfonso con voz impostada otra anécdota, "intentaba abrirme espacio en el duro ambiente literario. Y creía algunas cosas que ahora ya me di cuenta que eran pelotudeces. Entre las cosas que yo creía, una de ellas era que si yo era nuevo, y sacaba un libro nuevo, nadie le iba a dar bola. Entonces yo pensé, «Pero he visto libros que he comprado porque tenían prólogos de gente que yo conocía. Si consigo que alguien conocido me haga un prólogo para mi libro, se puede llegar a dar a conocer y va a circular.» Tenía miedo de escribir un libro y que lo terminaran conociendo cuatro personas nada más. Entonces pensé en conseguirme un prólogo de alguien grande, grande, grande. Entonces dije: «tá, ¿quién es el más conocido? Tá, Benedetti.» Me aboqué a una serie de investigaciones personales para ver cómo podía localizarlo. Pensaba que eso iba a ser una catapulta al éxito, y no sé que más pensaba yo, las mansiones con plata y mujeres y cosas así. Entonces, tá, logré conseguir la dirección donde vivía, después el teléfono de portería de donde vivía, me comuniqué con el portero, a través del portero logré hacerle llegar mi libro y después, a partir de él, logré su teléfono también. Pasó un tiempo y él no me llamaba. Agarré y lo llamé yo: «Hola, ¿sí?» ; «Hola, sí, para hablar con Benedetti» le dije, «Él habla» ; «Ah bueno, mire, yo le llevé hace un tiempo unos manuscritos míos para que usted viera...» y entonces el tipo me dijo: «Ah, ¡no! ¿Pero usted qué pretende? Yo tengo un cuarto en el fondo que está hasta el techo de cosas que me regalan para leer. Yo no tengo tiempo de ponerme a leer estas cosas. ¿Usted que cree?» Bueno, tá, colgué y dije, vamos a buscar por otro lado. Al mes suena el teléfono en mi casa. Levanto y me dicen: «Hola, sí, habla Mario Benedetti» y yo no lo podía creer: «Ah, ¿cómo anda maestro?» ; «Bien, sabe que leí su libro y me pareció interesante. No sé si un prólogo, pero podría escribir unas pocas líneas sobre su libro, si a usted le sirve eso, yo lo podría hacer» y yo encantadísimo, claro que me servía. De ahí pasó un mes y no supe más nada de él. Entonces llamé un día y le dije: «Pero ¿qué pasó?» y él me dijo: «No, no ande llamando. Yo ya le había explicado antes que no tengo tiempo, aparte su libro, no sé si lo perdí, ni sé dónde está.» Entonces yo le dije: «Pero usted me había dicho que...» y el viejo me dijo: «Bueno, bueno, tengo que colgar, tengo que colgar.» y me colgó. Yo estaba en un teléfono público. Entonces me quedé así, con bronca, agarré, disqué de nuevo el número y ahí ya me atendió la mujer. Me dijo: «Hola, sí?» ; «Con Benedetti por favor.»; «No está.» Habían pasado veinte segundos nada más ¿viste? «Entonces señora, le voy a dejar un mensaje para el señor Mario Benedetti. ¿Tiene papel y lápiz para anotar?» ; «Sí tengo, ¿Cuál es el mensaje?» ; «¡Que se vaya a la recontra puta que lo recontra parió!» y ¡pum! Colgué el teléfono."

La tarde se va haciendo noche y aprovechamos que uno de los pibes se va a tomar un taxi para la zona de la casa de Alfonso y compartimos el viaje. Si Montevideo se parece a Buenos Aires en muchas cosas, es seguro que ellos ya llegaron a un nivel más alto de paranoia ante la inseguridad. No sólo se ve en las cercas electrificadas y las rejas por todos lados, sino que me lo explica Alfonso cuando me cuenta que por la bendita inseguridad los taxis, como éste en el que estamos, tienen una separación entre la cabina del conductor y la de los pasajeros con protección de un plástico trasparente antibalas. Casi no se escucha lo que nos habla el conductor. Solución a todos esos viajes en taxis en los que querríamos ir en silencio y el tachero nos inunda con sus anécdotas de fantásticas proezas sexuales. De todos modos, no dejo de sentirme extrañado.Llegamos a la casa de Alfonso. Saludamos a Mäda, su gata blanca nieve y me ofrece un pedazo de tarta de verdura y queso que hizo su mujer. Mientras me pasa música de bandas uruguayas. Dice tener más de 13 mil temas en la PC. Y no son sólo bajados. El tipo rippeó artesanalmente todos los CDs de su amplia colección, todos los que consiguió que le prestaran. El escritorio donde trabaja está apropiado con sus cosas, sus muebles reciclados que arma con cosas que encuentra en la calle, como un velador hecho de placas madres de PC.

Escuchamos *Apocalyptica*, una banda que hace temas de *Metallica* con cellos. Me muestra sus libros: "Sólo tengo libros que haya leído en mi biblioteca. Si no los leí, no los expongo" y en una vitrina se acomodan la primera y la segunda edición de *Porrovideo*. Llega Claudia, su mujer. Nos presentamos y me muestra la prensa con la que hace grabados. Está estudiando Bellas Artes. Volvemos al living. Es una casita linda, acogedora y me dice Claudia que me va a poner un colchón en el piso para que pase esta noche. Alfonso pone en la TV unas entrevistas que le hicieron y que tiene grabadas en DVD. Se lo ve con la misma ropa que lleva puesta hoy, diciendo cosas más provocadoras, más tenso frente a periodistas que lo miraban condescendientes o con llana cara de orto. Me cuenta la génesis de su libro. Estaba yendo a un taller literario y al profesor no le gustaba mucho lo que le llevaba, le pedía cosas que tuvieran que ver más con su propia vida, con su día a día y entonces ahí se le ocurrió escribir un cuento sobre el día que con su amigo Tato le prendieron fuego a una rata (primer cuento de *Porrovideo*). El profesor un día se enojó con él y se pelearon. Terminó cerrando el taller. La reedición de su libro dice en las dedicatorias entonces: "Para Hugo Giovanetti Viola, por su ayuda y por su paciencia (mientras la tuvo)". Cuando escribió su libro, intentó reflejar el mundo como lo ven él y sus amigos. "Somos una especie de desplazados, o marginados sociales. Pero tenemos nuestra visión del mundo, y es una visión tan respetable como la de cualquiera. Sentía que no estaba siendo representada. En ningúna lado. Por lo menos no estaba siendo representado de una manera digna. Ponele lo del Molino de Pérez. Cuando fueron las cámaras, ¿a quién filmaron? A un boludo que estaba todo dado vuelta de porro y alcohol. Y ese es el tipo que termina representando de alguna manera a un montón de gente que estaba ahí tranquila, disfrutando de un espectáculo. No, es el tipo que te representa. Entonces el ama de casa prende la tele y lo que ve es a un tarado balbuceante hablando del porro. Cosas que te queman el cerebro. Yo no aspiro a representar a nadie, ¿entendés? Excepto quizás a mí mismo y a personas que yo conozco y que de alguna manera comprendemos una especie de espectro social que podríamos llamar los desclasados, los descamisados, no sé, en India seríamos los leprosos, somos como leprosos. Pero somos parte de la sociedad. No estamos representados demasiado bien en el arte. Pero existimos, trabajamos, aportamo. Acá hay gente que tiene trabajos estables, somos miembros activos y cuando volvemos nos fumamos un porro. Pero ¿Cuál es? Otro quizás trabaja en una multinacional y vuelve de su trabajo y se toma una botella de whisky. ¿Cuál es el malo y cuál es el bueno? No hay malos ni buenos. Hay algo que nos gusta y lo disfrutamos y lo consumimos y listo. Punto. Nada más. Con nuestro cuerpo hacemos lo que queremos. Entonces, ¿Quién mierda puede venir a decidir qué es lo que yo me meto dentro de mi cuerpo? ¿Por qué está tolerado por ejemplo que me agarre cirrosis tomando alcohol? Yo soy un escritor, no soy un defensor. Pero te obligan a esa posición. Porque es tan ridícula la prohibición que te hacen sacar las banderas. Yo soy escritor. Mi libro anterior fue premiado por el Ministerio de Educación y Cultura. Entonces no es que sea un porrero que se pone medio incoherente y que viene a decir cualquier cosa."

***

Salimos y me invita a comer el mejor chivito completo que haya probado en mi vida en una cantina cerca de su casa. Cenamos, recapitulamos el día, conversamos y más tarde encaramos para la parada del colectivo que nos va a llevar al barrio Cerro, a la casa de su amigo Gabriel.

Está empezando a hacer frío o es que en esta zona de la ciudad hay pocos edificios, la mayoría son casas bajas y se siente más el viento. Pasa el colectivo que nos tenemos que tomar y si bien lo paramos, se hace el boludo y nos pasa de largo. Alfonso se pone como loco a putear. Me dice que esto suele pasar, que hay un número para denunciarlos pero que igual lo hacen. Empieza a dar vueltas en círculo, calculando cuánto tardaría el próximo en aparecer. Es un viaje largo y llegaríamos a cualquier hora. Entonces para un taxi que viene y me hace subir. Hace un momento me dijo que no tenía guita como para llegar hasta allá.

"Seguime a un 370 que pasó hace un ratito" le dice al taxista "nos pasó de largo y se hizo el pelotudo". El tachero se ríe, le pregunta si lo va a ir a cagar a trompadas "No, no, me quiero subir. Cuando lo alcancemos, pasalo y nos bajamos en la siguiente parada para que podamos esperarlo y subirnos". Me río nervioso. Alfonso me mira y me dice: "Es la primera vez que voy a hacer algo así." El taxista pisa el acelerador a fondo y empezamos a sortear autos. Nuestro colectivo pasó hace ya un rato, me parece impracticable el plan de Alfonso. Pasamos varios colectivos, seguimos derecho por la Avenida Italia hasta que a unos cincuenta metros lo distinguimos pese a la oscuridad. Paramos justo frente a la parada del colectivo que acaba de frenar para abrir las puertas. Alfonso paga apurado y nos bajamos corriendo para dar dos pasos y subirnos finalmente en el colectivo que nos había rechazado: "No me paraste. Eso no se hace" lo encara de una al conductor que le responde un seco: "Decíselo al guarda" y se lo dice mientras le corta los boletos, pero no responde, mira al piso. Pasamos al fondo y nos sentamos. El viaje es largo y el colectivo está lleno de gente que aprovecha el sábado a la noche para salir. Habrá dos incidentes más en este viaje alocado. Unos nenitos de la calle que se colarán por la puerta de atrás, al lado de donde nos sentamos y que serán sacados de las orejas por el guarda que en este caso cumple con celo excesivo su rol y una mujer con un nene en brazos a quien no dejan bajar en la parada que pide y causa un murmullo de malestar entre los viajeros hasta que ella grita: "Pero ¿no ves que estoy con el botija en brazos?". Ni el guarda ni el conductor parecen apercibirse, ni siquiera cuando el murmullo se convierte en voces alzadas: "¡Pero que está con el botija!" La mujer, angustiada, dice: "Esto es muy fuerte. No lo puedo creer." Pero ni siquiera eso cambia el celo excesivo con el que de nuevo cumplen su trabajo sin dejarla bajar entre parada y parada, esperando llegar a la siguiente posta para abrirle la puerta.

La noche transcurrirá con otros amigos de Alfonso, arriba en el Cerro. Barrio bajo, de casas destartaladas, gente con cara de pocos amigos. En el cuartito de pensión de Gabriel donde irán cayendo pibes con alcohol, faso y una guitarra desafinada. En un momento habrán hasta tres porros grandes y gruesos, encendidos, pasando de mano en mano. Somos por lo menos doce hombres y una mujer en un cuartito iluminado por la luz de las velas y la pálida lumbre de un farol que se filtra por la ventana. El techo está empapelado con un estampado de florcitas que me distrae mientras suena la guitarra desafinada. Alfonso toca *Para Elisa* y *Stairway to Heaven*. Siento que el cuerpo no me da más. Mi espalda empieza a pasarme factura por haber dormido en micros y barcos el día de hoy. Hay un olor que es mezcla de porro, transpiración y humedad. Circulan hojitas sueltas de poesía y fanzines.

Alguien habla de hacer una leche de cogollos, y se acuerdan de eso y a mí me duele la cabeza. Le digo a Alfonso que vayamos yendo, que mañana me levanto a las 6 am para volver a Buenos Aires. Me dice que en un rato y nos quedamos entonces un tiempo suficiente para que circulen entre nuestras manos una lanza y una flecha que Gabriel encontró tiradas en la playa, piezas que pertenecieron a un gualicho. Cuando empiezan a hablar de posibles maldiciones por la profanación, me arrepiento de haberlas agarrado con tanta ingenuidad.

Después de un rato emprendemos la vuelta. Hacemos combinación de colectivos esta vez. Con el primero vamos hasta la Ciudad Vieja. Al pie del Cerro se sube un contingente de gente que inunda el colectivo. Son los pibes y pibas de los barrios bajos que viven arriba y que bajan precisamente, a divertirse el sábado a la noche en el centro. El viaje se convierte en un infierno. Tres mujeres al lado nuestro dicen la sarta de guarangadas más desagradables que haya escuchado mientras se rascan alevosamente sus partes en nuestras caras y hablan de hace cuánto tiempo que "no la ponen". El olor a porro arriba del colectivo se vuelve insoportable, un pibe me pide que abra la ventana que está de mi lado porque ya está viendo todo de colores. Abro y entra un frío fuerte.

No quedará mucho más de Uruguay en esta oportunidad. Dormir en la casa de Alfonso, con Mäda vigilándome, que me despierte él a la madrugada para ir a tomar el micro y después, a mediodía, tomar el tiburón del Delta, de regreso a Buenos Aires.

Originalmente publicada en la revista *THC* número 22, diciembre de 2009.

Acerca del autor

Alejandro Soifer (Buenos Aires, 1983) es licenciado y profesor de Letras por la Universidad de Buenos Aires donde se especializó en Literatura Argentina y Latinoamericana. Ha obtenido su doctorado en literatura latinoamericana por la University of Toronto (Canadá) siendo su tema de investigación la construcción de discursividades góticas en la literatura policial y de horror mexicana de las últimas cuatro décadas. Artículos críticos suyos han aparecido publicados en la Revista Canadiense de Estudios Hispánicos, Latin American Literary Review y en Journal of the Fantastic in the Arts.

Además de su trayectoria académica, ha trabajado como periodista cultural y publicado más de seis libros que se suman a varios proyectos de nuevos libros en los que está trabajando actualmente.

Otros títulos del mismo autor

Novelas

Saga Rituales
Rituales de sangre
Sangre por la herida
Rituales de lágrimas (próximamente)
El camino del Inca (próximamente)
Rituales de muerte (próximamente)

Otras novelas

El último elemento peronista
Reality Death Show
Victoria: O la tragedia de la familia Miller (próximamente)

Crónica periodística

Los Lubavitch en la Argentina

www.ingramcontent.com/pod-product-compliance
Lightning Source LLC
Chambersburg PA
CBHW042125100526
44587CB00026B/4176